中美星星桥 特需系列

自闭症谱系障碍儿童
学习风格简介

[美] 帕特里克·J.赖德尔　　著
徐　健　邱晓露　　译
石建莉　　审

 世界图书出版公司

上海·西安·北京·广州

图书在版编目(CIP)数据

自闭症谱系障碍儿童学习风格简介 /(美)帕特里克·
J.赖德尔著;徐健,邱晓露译. —上海:上海世界图
书出版公司,2019.3
(中美星星桥特需系列 / 石建莉主编)
ISBN 978-7-5192-5588-6

Ⅰ.①自… Ⅱ.①帕… ②徐… ③邱… Ⅲ.①孤独症
—儿童教育—特殊教育—研究 Ⅳ.①G766

中国版本图书馆 CIP 数据核字(2019)第 006101 号

The original English language work:
Learning Style Profile for Children with Autism Spectrum Disorders
Dr. Patrick J. Rydell
Rocky Mountain Autism Center
Retrieved from http://itunes.apple.com
Retrieved from Amazon.com Kindle
TXu 1-805-922 Copyright © 2012. All rights reserved.

书　　名	自闭症谱系障碍儿童学习风格简介	
	Zibizheng Puxi Zhangai Ertong Xuexi Fengge jianjie	
著　　者	〔美〕帕特里克·J.赖德尔	
译　　者	徐　健　邱晓露	
审　　者	石建莉	
插　　图	林良凤	
责任编辑	沈蔚颖	
装帧设计	南京展望文化发展有限公司	
出版发行	上海世界图书出版公司	
地　　址	上海市广中路 88 号 9—10 楼	
邮　　编	200083	
网　　址	http://www.wpcsh.com	
经　　销	新华书店	
印　　刷	杭州恒力通印务有限公司	
开　　本	890 mm× 1240 mm　1/32	
印　　张	3.5	
字　　数	80 千字	
印　　数	1—3000	
版　　次	2019 年 3 月第 1 版　2019 年 3 月第 1 次印刷	
版权登记	图字 09-2018-1051 号	
书　　号	ISBN 978-7-5192-5588-6/G·531	
定　　价	50.00 元	

作者简介

帕特里克·J.赖德尔　博士

　　落基山自闭症中心（Rocky Mountain Autism Center, Inc）、科罗拉多州"自闭症在线有限责任公司"（Autism On Call, LLC）的中心主任兼创始人。在自闭症谱系障碍（ASD）领域拥有超过38年的实践经验，为政府机构、医疗机构、大学，以及专业人士和家庭提供国内和国际培训，为研讨会、咨询和项目开发提供帮助。1989年，荣获自闭症美国国家健康研究所领导奖学金，2005年获美国富布赖特高级专家补助金。赖德尔博士也是美国ASD专业继续教育的医学桥讲师，与阿根廷、中国和哈萨克斯坦的ASD培训中心有深入广泛的合作，作为世界自闭症组织的成员，为北美、欧洲、南美洲、中东和非洲等国家提供ASD培训。

译者简介

徐 健 博士

上海交通大学医学院附属新华医院儿童保健专业博士生导师、教授、主任医师。徐健博士对儿童微量元素问题（重金属暴露和微量营养素缺乏）、儿童发育行为问题（多动症、自闭症、抽动症、语言发育落后和其他心理行为问题）有较丰富的诊治经验。近20年来，对铅、汞等重金属暴露和微量元素缺乏与儿童生长发育的关系进行了系列研究，同时对儿童睡眠、青少年网络成瘾、儿童自闭症、多动症、语言发育等进行了深入研究。

徐健医生网上诊室

邱晓露　医师

　　儿童保健专业，江西省儿童医院主治医师。主要从事儿童保健咨询，擅长自闭症的诊断和咨询，儿童早期教育咨询指导。2018—2019年在美国路易斯维尔大学作为访问学者，主要学习儿童自闭症的诊断和治疗，并进行儿童自闭症的大脑功能性磁共振成像的研究。

审阅者简介

石建莉　博士

　　中美星星桥自闭症培训中心创始人，目前在美国科罗拉多大学从事神经系统发育异常的研究。石建莉博士专注于自闭症康复理论和实践的研究，系统总结了目前国际自闭症专业领域普遍认可的自闭症康复模式，从医学和发育生物学的独特角度，认真分析不同模式理论和实践的优缺点。跟踪不同自闭症康复模式进入中国推广的情况，分析目前中国自闭症康复领域存在的主要问题，利用美国自闭症领域的广泛资源，东西方文化的有机结合以及中英文双语的优势，创办中美星星桥自闭症培训中心。在中国自闭症领域倡导以"家庭为核心"，医院、学校、康复中心协作支援的自闭症康复系统。

推 荐 序

自闭症谱系障碍近年来在我国受到了前所未有的关注。按美国2018年公布的发生率1/59计算,我国自闭症患者的人数大约为1 000万人。为此,对自闭症患儿早发现、早诊断、早训练,让自闭症人士融入社会,不仅仅关系到一个儿童、一个家庭的生活质量和幸福的问题,更关系到整个社会的祥和与安定。

作为长期关注自闭症研究和康复的教育工作者,多年来我接触到国内外太多的关于自闭症康复训练的方法。由于自己的学科背景是发展与教育心理学,针对6岁前自闭症患儿的康复,我一直觉得目前国内外没有一个方法是从自闭症儿童的发展角度,或者说是切合自闭症患儿的心理角度来针对性帮助患儿的。2018年5月在广东珠海,第一次全程直观地聆听和观看了帕特里克·J.赖德尔先生对自闭症谱系障碍儿童学习风格简介(LSP)的介绍和现场对患儿康复训练的指导,真的是兴奋不已。多年来的迷茫和困惑消散了,找到了目前适合6岁以下自闭症患儿的康复策略和方法。

目前,自闭症康复训练的方法举不胜举,特别是在国内,曾经使用或者是正在使用的没有通过循证研究的方法也很多,如海豚疗法等。想必大家都非常熟悉由多位美国专家经过长期分析研究、融理论内涵与临床实践经验并重的跨学科、对自闭症儿

1

童多维度综合矫治的SCERTS训练模式。帕特里克·J.赖德尔先生是SCERTS训练模式建立者之一。《自闭症谱系障碍儿童学习风格简介》一书则是帕特里克·J.赖德尔先生根据自己多年的临床实践与训练体验将SCERTS模式提炼出的浓缩版。

《自闭症谱系障碍儿童学习风格简介》是一本非常实用且易操作的,用于6岁以下自闭症患儿,以融入社会为目标的康复训练方法介绍的书籍。该书既可作为自闭症家长学习、指导用书,也可作为自闭症患儿治疗师或普通学校教师学习和指导自闭症儿童的用书。

顾　群

嘉兴学院师范学院学前教育系主任、教授

2018年8月20日

译 者 序

　　儿童自闭症给家庭和社会带来了沉重的负担。作为一名儿童保健科的医生，看多了浑然无应答的孩子、家长绝望无助的眼神，以及由此而诱发的人伦悲剧。与多动症、抽动症等其他发育行为儿科疾病相比，儿童自闭症现阶段没有特别有效的治疗药物，自闭症儿童的康复训练因此广受关注，且被认为是改善自闭症儿童发育结局的最确定和行之有效的方法，但康复训练也并非自闭症儿童走向人生正常轨道的平坦大道。目前社会上各种康复机构林立、各种康复训练方法并存。如何根据自闭症儿童的特点，规划、确定自闭症儿童的康复训练步骤和方案，对自闭症儿童的预后至关重要。

　　应用行为分析（ABA）法是以往儿童自闭症康复训练中最常用的方法，以操作性条件反射为其实施的理论基础。其他还有结构化教学法、人际关系发展干预疗法和地板时光疗法等。这些训练方法对改善自闭症儿童的语言、认知、社会交往和情绪调节各有侧重，被不同程度地运用。帕特里克·J.赖德尔先生在内的多位美国专家进一步提炼分析这些训练方法的理论内涵并结合临床实践经验，推出了跨学科、对自闭症儿童多维度综合矫治的SCERTS训练模式。而《自闭症谱系障碍儿童学习风格简介》则是帕特里克·J.赖德尔先生根据自己多年的临床实

1

践与训练体验将SCERTS模式提炼出的实操版总结。

作为一个在公立三甲医院工作的医生，平时的临床和科研工作非常繁忙。但LSP模式的理念和本书的内容还是深深打动了我。我始终认为，自闭症儿童多维度的功能缺陷之间本身有一定的联系，而LSP模式走进儿童的内心，以儿童的视角观察和评估其学习风格的差异，选择每个患儿干预的优先事项和方向，也就由内而外、自然而然解决了多维度的综合矫治问题。所以，我愿意利用业余时间参与翻译这本书，希望能让国内的医生同行、康复训练机构的专业人员和自闭症患儿的家长有所受益。在此，也特别感谢中美星星桥团队，包括研究生同学石建莉女士的诚挚邀请，感谢王惠博士和黄蓉博士的协助编译，希望本书能进一步推动中国自闭症谱系障碍儿童的康复，帮助他们更好地走向自己的美好人生。

徐　健
2019年2月

致　谢

　　首先也是最重要的,我想要感谢妻子伊丽莎白和两个孩子,感谢他们对这个项目的衷心爱护和支持,感谢数不清的自闭症儿童和他们的家庭给我学习的机会。

　　感谢落基山自闭症中心的全体员工,感谢瑞安·纳尔逊(Ryan Nelson)博士和他的研究生们阅读本书,以及对本书的宝贵建议。

帕特里克·J.赖德尔

致读者的阅读建议

为什么要开发自闭症谱系障碍儿童学习风格简介（LSP）方案？在我30多年的美国国内和国际的咨询以及自闭症项目的发展中，我发现非常有必要设计一套准确、易于消化和简洁实用的参考工具，可以由教师、治疗师和家长共同实施。

以我设计的落基山自闭症中心的学习风格简介为指南和方案，将该简介的组成内容整合到教室、家庭和干预中心的实际场景中，会形成一套更平稳的教育和干预方法。这套方法促进每个孩子形成更平稳发展的学习风格，以支持其个性化的教育项目或行为计划。在自闭症儿童学习风格和模式的经验性资料中体现出来的原则和实践支持了LSP的形成。我自己的临床实践以及与孩子们相处的亲身经历，很大地影响了LSP的形成。我试图为自闭症干预——这条我们正在行走的复杂道路提供一张路线图，我已经在世界各地介绍了LSP，现在与您分享。

谢谢您！

帕特里克·J.赖德尔

内容介绍

《自闭症谱系障碍儿童学习风格简介》旨在帮助教师、治疗师和家长了解自闭症儿童个体学习风格的特征和模式。为了更好地参与社交互动，在从环境获得信息的过程中，所有的孩子都有自己的策略或偏好。这些策略和偏好可以被看作是一种学习风格。但是，自闭症儿童可能表现出一种非典型的学习风格，导致在社交领域与他人互动困难。

由于学习风格的不同，有一些自闭症儿童将他们对外界的了解应用到自身的社交情境中，因此表现出非常规的、往往被误解的行为。自闭症儿童的互动模式让小伙伴很难理解互动中他们的意愿、非意愿，以及意向性。

自闭症儿童学习风格的差异

与典型的发育过程不同，一些自闭症儿童没有学会与他人进行有意义的社交性互动。他们可能找不到机会去学习如何社交、沟通，以及相互的约定和期望。环境和人际交往中的线索往往被他们忽略，从而影响了社交、情绪交流的结果和判断。

学习风格的差异可能严重限制了一些儿童在他们的环境中去注意他人的能力，从而限制了他们参与社交和从社交中学习。由于学习风格的原因，这些孩子将来很难理解共享的意义，

很难发展出分享的情绪和情感,最终很难形成常规的行为。

有一些自闭症儿童不知道需要抬起头来,环顾四周,寻求人与人或人与环境之间的线索,以便能独立决定是否参与到小伙伴建立的社交互动中。这些孩子可能会错过小伙伴提供的重要线索,以及一系列社会、认知和语言信息。在社交场所,如教室、小团体或家庭聚会中,一些孩子可能也没关注到人与人或人与环境之间的有助于引导社交的线索,从而错过机会去学习,去参与教室内常规事务、团体干预和社会交往。

基于自闭症儿童学习风格的差异,LSP集中在10个学习风格干预组件,提出了专业人士和家庭面临的最大挑战。它解释了为什么自闭症儿童会出现许多互动障碍。为了能和他人更成功地社交,哪些方面需要加强。该简介还为设计和维护适当的教室、干预中心和家庭系统的项目提供了指导,以促进儿童从学习风格弱势向学习风格优势转变。

通过以下方法满足教师、治疗师和家长的需要：

1. 提供一个干预指南和方案，解决自闭症和学习风格差异的核心挑战。

2. 对有学习风格差异的自闭症儿童，按儿童早期、小学一年级和二年级次序，依次优先、优化他们的学习风格。

3. 根据学习风格的差异，设计有效的教室、干预中心和家庭系统的项目。

4. 基于自闭症儿童学习风格的差异，帮助"如何"设计教室、干预中心和家庭系统的项目。

5. 根据孩子的学习风格，解决"如何"教一个孩子的问题。

6. 该简介是一个简单而清晰的视觉参考工具，可用来培训与自闭症儿童互动的教学人员。

前　言

　　《自闭症谱系障碍儿童学习风格简介》是一个操作方案，这个方案试图描述自闭症儿童从他们的环境中学习和获得信息的多种模式、策略和优先做法。目的是协助教师、治疗师和家长理解每个自闭症孩子的学习风格特点和模式，以便为设计和维护适当的教室、干预中心和家庭系统的项目提供指导原则。

　　该方案包括了10个学习风格干预组件，并专门设计成一个高效、实用的指导原则：① 将这些学习风格干预组件整合到教室、干预中心和家庭场景的总体结构中，以形成更均衡的教育和干预相结合的方法；② 为每个自闭症儿童形成一套更加平衡发展的学习风格模式；③ 支持每个孩子个性化教育项目（individualized education program, IEP）和/或行为计划，同时学习风格干预组件也为教室、干预中心和家庭系统的设计和干预措施提供指导原则。

　　LSP的设计集中在10个学习风格的干预领域，这10个学习风格的干预领域也代表了专业人士和家庭面对自闭症儿童学习风格的差异时，所产生的最大挑战。该方案在设计时，也充分考虑到不是所有的自闭症儿童都有相同的学习风格。与同龄儿童相比，有些自闭症儿童可能会表现出显著的学习风格的差异，

1

而其他儿童则可能不会。此外，即使有学习风格差异的自闭症儿童，他们之间的差异也因人而异。因此，该方案探讨了这些学习风格存在的差异，以便提供针对性的干预措施和教学方式。

该方案也提供干预指导，推进自闭症儿童从学习风格的弱势向学习风格优势的转化，以改善自闭症的核心症状（社会交往、语言交流、情绪调节和刻板行为）。识别自闭症儿童的学习风格是成功指导和干预的必要因素，该方案通过找出其学习风格以解决干预中面临的挑战。该方案反映了学习风格优先模式——支持孩子独立解决问题的能力，并在人际交往和环境中寻找线索，以便更积极成功地参与到课堂和干预环境中（Prizant, et al., 2006）；使用社交示范作为主要的教学和指导方法（Strain, et al., 2008）。此外，LSP方案还会通过以下方法解决教师、治疗师和家长面临的问题。

提供指导方针和执行方案：

1. 此方案由自闭症谱系障碍的循证实践所支持，并优先考虑自闭症儿童在幼儿园、小学、初中的学习风格差异。

2. 此方案是一套易于使用，并且有效和实用的工具，可帮助分析自闭症儿童学习风格差异，以便于设计有效的校园干预方案。

3. 此方案依据自闭症儿童的学习风格差异，有助于"如何"建立课堂干预模式。

4. 此方案依据自闭症儿童自己的学习风格，针对性地提供个体化教育。

5. 此方案可以作为全面评估和干预模型的辅助工具，以便更好地识别和定位自闭症儿童的核心发展目标。为了鉴定和瞄准儿童发育过程中的核心目标，我们需要更加全面的评估和干预模式，而LSP可以作为这种评估和干预的辅助工具。

6. 此方案可以作为一个简单而清晰的视觉参考工具，与自闭症儿童互动的教师和家长亦可作为参考。

帕特里克·J.赖德尔

目 录

第 1 章

自闭症谱系障碍儿童
学习风格描述

解自闭症谱系障碍儿童学习风格简介（LSP）的目的是为了确定儿童在10个学习风格干预组件中的学习风格和模式，以期获得：① 平衡/不平衡的学习风格特点；② 在了解孩子学习风格特征的基础上，平衡我们的教室、干预中心和家庭系统的关系；③ 平衡孩子的学习风格特点、情绪调节和行为问题之间的关系；④ 协助重新调整教室、干预中心和家庭系统之间的结构、方法和策略，帮助孩子在基于自己的学习风格特征上，成为发展更加平衡的学习者。

10个LSP组件

10个LSP组件是基于自闭症儿童的学习风格和主要核心问题（American Speech-Language-Hearing Association, 2006; Landa, et al.; Prizant, et al., 2006; Strain, 2010），以及美国国家研究委员会（2001年）的建议和教学重点支持而制订的。10个LSP组件的选择是基于超过30年的一线临床经验，以及学校和自闭症干预中心咨询顾问的经验。最重要的是，这些组件被选出是因为它们代表学校的教师、治疗师和家长最常见和最一致的需求。在赖德尔博士的指导下，LSP已成为落基山自闭症中心的主要干预指南。

孩子达到平衡

自闭症儿童可能会表现出发展不平衡的学习风格,如相对优势和需求。例如,自闭症儿童主要的学习对象可能是物体,较少向人学习。自闭症儿童更多是通过物体和任务学习,而不是通过周围环境的线索,或是他们的同伴在演示中提供的信息。如果孩子的学习变得更加集中和倾向于人,他往往是在一定的时间内只与一个人互动,而不是与小组或较多人互动。僵化的和死记硬背的学习风格依然存在于这种互动中,而不是更灵活地和自发地与合作伙伴互动。典型的自闭症儿童在互动启动或维持之前,先要学会如何更好地回应他人。否则,孩子可能仅仅与同意他控制活动的一个合作伙伴互动,而不是去学习如何参与到遵循合作伙伴领导地位的互动中去。孩子的学习风格可能不是制订和执行符合逻辑的行动计划,而是对物体、主题或合作伙伴随机冲动的行为。孩子可能只学会在短距离内建立和保持共同关注,但距离增加之后则共同关注减少。孩子可能能够始终如一地进行语言应答,但不知道如何和何时发起或维持和别人的语言互动。此外,交流方式也反映了自闭症儿童的学习风格是死记硬背、刻板和按规定章程的,而不是灵活生成和自发的。最后,自闭症儿童可能在符合意愿的条件下,能够改变活动或地点,但在不符合意愿的条件下,很难改变活动或地点。

在教室、干预中心和家庭建立和保持平衡

考虑到自闭症儿童的学习风格,在教室、干预中心和家庭

建立和保持良好的平衡有时会面临一定的挑战。有几个问题要考虑：① 我们是否将这10个学习风格干预组件视为我们教育、方案设计、结构和程序的一部分？② 我们的教育和项目干预的方法在学习风格干预组件中是否平衡？③ 我们是否为每一个自闭症儿童提供学习的机会，让他们在学习风格干预组件中更加平衡？每个学习风格干预组件都会有相应"平衡"说明的描述，程序问题也会相应地得到考虑。

第  章

自闭症谱系障碍儿童学习风格的差异

学习风格上的差异常常阻碍自闭症儿童成功进行社会交往（Prizant, 1983; Prizant & Wetherby, 1989; Rydell & Prizant, 1995; Schuler & Prizant, 1985）。由于学习风格的差异使得自闭症儿童很难注意到他人，因此严重限制了自闭症儿童的社交参与，以及从社会互动中学习的能力。正是由于学习风格的差异，自闭症儿童很难理解"共享"的含义，不能够与他人分享情感，最终很难形成正常的情感行为方式（Prizant, et al., 2006）。

相对于正常的儿童，自闭症儿童可能还没有学会与他人进行有意义的社交互动。孩子可能不会寻求社交学习的机会，去增进和他人社会交往、沟通和互动的能力。环境和人际交往的线索往往被这些儿童所忽视，从而影响社会交往、情感沟通的结果和判断。一些自闭症儿童的学习风格可能表现出静态的、重复的、僵化的社会语言和认知模式，表象的认识、刻板的动作、机械的记忆、僵化的学习和交流模式、重复的行为和千篇一律的坚持是许多自闭症孩子的学习风格。学习风格的差异也可能倾向于表现在情景记忆、格式塔处理[①]和特定情境学习中，比如在以下场景中：① 静态的视觉刺激，如数字、字母、形状；② 听觉刺激；③ 在原始环境中学会的单词和短语不能灵活应用于新的或不同的语境中。灵活应用需要运用语言规则，需要理解语言含义，需要概念性的知识点和模式来作出社会性的判断（Prizant, 1983）。

---

① 从整体环境出发观察事物，以便理解作为环境一部分的事物和环境的关系。——译者注

自闭症儿童的学习风格往往受到其核心症状——社交、语言交流和情绪控制的很大影响（Prizant, et al., 2006），从而可能表现出共同关注的缺陷，也因此很难与同伴建立、维持共同的关注。自闭症儿童无法通过观察进行社交学习，这一缺陷也极大地影响了其核心症状的改善（Landa, et al., 2010）。这些孩子可能意识不到需要抬起头来，向周围看看，从社交和环境中寻求有用的线索，从而作出独立决策，以便融入和参加同伴建立的社会互动。这些孩子可能会错过同伴提供的重要社交线索和顺序，以及认知和语言的信息。在一些社交场合，如小团体或教室，一些儿童可能并不知道如何寻找环境和社交线索，从而错过了在教室、团体，以及社会互动中学习和参与的机会。

错失的机会

"我看见……我想……我得到"。

为了直接的教学目的，教师、治疗师和家长往往尽他们的努力，去为一个自闭症儿童建立共同关注。这个儿童可能不知道从人际交往和环境中寻找线索，可以引导他参与社交互动。在许多情况下，学习风格的差异阻碍孩子"抬起头来，环视周围，并参与到他人的活动当中"，换而言之，就是无法与他人建立共同的关注，相互配合并成为社交互惠及社会交往中的一员。对自闭症儿童而言，他手中的物品、房间里的物体，可能比社交活动中的合作伙伴和规则更为重要。孩子的重点往往是"我看见……我想……我得到"，并利用他们已经知道的语言去获得喜欢的物品。换而言之，孩子表现出局限的注意和物体导向的行为，以获得喜欢的东西，而不考虑社会环境中的其他人。以物体为导向的学习模式是人与人之间社会交往的对立面，"我"与"我们"在学习风格中的差异将很多自闭症儿童从合作伙伴和同龄人中隔离出来。

干　扰

　　为建立孩子的共同关注，教师、治疗师和家长往往试图把孩子的注意力从物体转移到更多的社交学习机会中去。视觉、语言和肢体的提示，有时会遭到孩子的抵触，将成人或合作伙伴视为"干扰"。孩子的心理舒适区包括机械的、不灵活的和刻板的学习风格模式（如前所述）。在这种干预情况下，自闭症儿童会表现出抗议和逃避的行为。当自闭症儿童的学习风格与同伴或课堂期望不匹配，或者不相容时，他们往往会产生焦躁的情绪。成人此时可以询问孩子"抬起头来看看，我们在做什么？你如何做才能加入我们正在做的事情呢？"自闭症孩子因不理解同伴的期望、社会的规则和如何参与，会导致他们压力和焦虑增加，从而引起自闭症儿童语言和非语言的行为异常（Prizant & Rydell, 1993; Rydell & Mirenda, 1991; Rydell & Prizant, 1995）以及情感紊乱（Prizant, et al., 2006）。

更多的时间花在应对上，则更少的时间花在学习上

　　在一些社会互动中，自闭症儿童可能更愿意待在自己的心

理舒适区。当被要求离开舒适区进行冒险时,面对将要发生的太多不确定的经历,自闭症儿童可能会变得非常焦虑和担心。在这方面,自闭症儿童和其他正常发育中的儿童相似,尽管学习风格的差异使他们在大部分时间都处于高度应对模式和警觉状态。

虽然观察和学习其他合作伙伴会导致更多的合乎规范的行为和自发地模仿别人的行为(McLean & Snyder-McLean, 1978),但自闭症儿童仍然可能会选择留在自己的舒适区,而不是观察和参与他人的社交活动。由于这种学习风格的差异,可能会造成自闭症儿童何时以及如何参与别人发起的社会交往特别困难。很多情况下,自闭症儿童在社交中的焦虑和紧张是可以理解和解释的。在某种程度上,通过我们进一步了解——① 我们的孩子现在是如何学习(学习风格的差异);② 当我们的教学方法和策略没有考虑到自闭症儿童特殊的学习风格,并和他们的学习风格不符合时,自闭症儿童会如何情绪失调(Prizant, et al., 2006)。这些潜在的不匹配可能导致更高水平的应对行为,常称为"自闭症行为"或"行为的挑战"。这些情况即是所谓的"更多的时间花在应对上,则更少的时间花在学习上"。

谁在思考?

自闭症儿童往往依赖于教师、治疗师或家长的提示来建立关注,参与常规的社交互动。在社会学习环境中,同伴要经常使用视觉、语言和肢体提示等方法,帮助自闭症儿童建立共同关注和提供关于预期结果和期望的指导。学习风格的差异和缺失，往往需要同伴通过提供视觉提示（例如图片或手势）、语言提示（例如口头指令），或肢体线索（例如带领儿童去做或手把手地示范）去引导孩子的注意力和关注点。这种直接模仿的方法通常用于教孩子"做什么"。在这些情况下，成年同伴直接提供指令，孩子遵循成人的提示便可迅速达到所希望的结果。

常用的提示和指令式训练如下：

"约翰尼，拿出你的时间表，告诉我下一步要做什么？"

"约翰尼，苏珊刚才向你打招呼说'嗨'，你也应该对她说'嗨'。"

"约翰尼，把你的东西放在课桌上，并站到门边，现在是午饭时间。"

"约翰尼，把你的杯子给约翰逊女士，并告诉她说'我想喝水'。"

"约翰尼，你需要去厕所吗？如果去厕所，就把'如厕图片'拿给约翰逊女士。"

在这些案例中，我们问自己这个问题，"谁在思考？"是孩子在环境中寻找线索，并独立地作出决定，还是在成人同伴的提示和引导下，作出的决策？在使用成人指令手段来引导孩子时，成人合作伙伴很可能已经替孩子们思考了。合作伙伴经常使用他的技能指示孩子"如何以及何时"进行社会交往和互动。在使用视觉、语言和肢体的提示时，孩子对这种提示的依赖会逐渐增加。因此，如果我们按照提示依赖的风格教学（例如，成人在

思考），并且这也是孩子们寻找到的参与社交和互动的唯一线
索，孩子可能成为一个依赖提示的学习者。虽然并不是所有的，
但是绝大多数需要孩子独立解决"如何以及何时"参与的环境
和社交线索都被忽视了。

第 3 章

自闭症谱系障碍儿童
学习风格干预组件说明和实施指南

本章描述了一个如何在教室、干预中心和家庭系统中，根据自闭症儿童学习风格的差异，提供更加平衡地实现学习机会的程序。10个自闭症谱系障碍儿童学习风格简介（LSP）组件将在下面一一介绍。每个LSP组件的有效方案设计和干预策略都在随附的博客记录中进行讨论（参见第5章）。这些博客也是赖德尔博士主持的在线广播节目"今日自闭症"的一部分。教师、治疗师和家长讨论了LSP组件在教室、干预中心和家庭中的实际应用和实施。

在确定自闭症儿童学习风格的优势和差异时，以及在设计有效的教育和干预方案时，我们可能会关注以下几个方面。

以物为导向还是以人为导向

自闭症儿童主要是以物为导向，还是以人为导向的学习风格呢？

自闭症儿童是否主要关注物体并通过感官刺激行为和/或对物体的操纵来学习，或在情绪得到调控的情况下，只关注一个特定的合作伙伴以达到社交学习的目的？

目前我们的教育和干预方法主要侧重于以物体和完成任务为导向的学习风格，与同伴建立共同关注并达到有意义的社交和互动的学习机会较少。举例来说，作为主要的教学方法，我们能否首先提供给孩子物品（包括感官物体、教具、拼图、匹配模型等），然后观察自闭症儿童能否将自己的学习经验、规则、重复的动作，或预先设想的活动安排应用于这些被给予的物体上？在之后的某个时间点，我们可以试图参与或与孩子一起参加设定的活动。在这种情况下，孩子是否会抵制我们的加入？因为我们干扰了他先前建立的以物为导向的活动流程。

平衡：我们也可以考虑通过询问孩子"停一下""等等""抬起头来，看看周围""我们在做什么？""你怎么能加入并成为我们中的一员？"来引入这些物体。在每次的互动介绍中，建立"共同关注"和一个以"我们"为导向的学习风格。建立这种学习风格，合作伙伴通过模型的展示和演练以表达孩子与合作伙伴是同样重要的。基于"以人为导向"的学习风格，孩子开始学习与物体进行互动。在本质上，自闭症儿童学习的是与同伴相关的物体对象，而不仅仅是把物体作为主要关注点。这些目标/任务的介绍是基于一个社交（我们）的活动安排，而不是一个物体（我）的活动安排。

通过社交示范、展示和演练来学习

自闭症儿童是否对同伴努力展示的社交示范或演练没有回应或很少回应？还是在情绪得到调控的状态下，对同伴展示的社交示范或演练，表现出积极的回应？

难道我们的教育和干预方法主要依靠使用视觉/语言的暗示以及提示来教导儿童课堂和项目程序、课堂和项目期望以及结构吗？在课堂教学管理和计划活动时，视觉/语言提示常常用于指导和关注孩子。这些方法通常用在教导孩子有期待地做出回应或跟进，特别是针对那些必须得到成年同伴的提示，否则很难启动和参与互动的儿童。然而,提示依赖也是令人担忧的问题,因为一个孩子可能多数时间会等待或依靠别人来告诉他去哪里,以及做什么等。我们的经验是,在某些情况下,合作伙伴可能会误用视觉/语言线索的提示去引导孩子一步一步做事情。例如,"首先做这一步……下一步……然后再下一步……"。因此,孩子只需要根据刚刚发生的视觉/语言提示去做事情,往往可能不能持续互动或跟进,直到被告知这样做。这样一来,会导致提示依赖的学习风格。在这种情况下,"谁在思考?"这个问题就变得更为相关了。

平衡:我们可能还需要考虑使用社交示范作为主要教学策略,以帮助儿童了解如何以及何时遵循教室和项目程序、方向和期望。例如,由合作伙伴引入日常事项/任务/活动,或者使用一种社交示范(成人、同龄人等),其中允许合作伙伴提供必要的社交互动信息,给孩子提供一个一致并系统的机会,如"抬起头来环顾四周",以获得必要的社交信息,用以和其他人的互动交流。随后,给孩子一个机会,将以往从社交示范中学习如何参与互动的经验进行应用,而不是遵循一系列成人引导的视觉/语言提示。此时,"谁在思考?"这个问题被再次提出。孩子最终减少对同伴视觉/语言提示的过度依赖,能够更加负责并独立地作出决定,即基于所获取的社会知识和线索,知道如何以及何时参与互动。通过合作伙伴的引导,而不是视觉/语言线索的提示,孩子不太可能成为提示的依赖者,而是更有可能提高独立解决问题的能力,知道如何以及何时参与互动。

从多个合作伙伴处获得社交线索

自闭症儿童在当前的情景中，总是通过一个人获得社交线索，还是在情绪获得调节的状态下，能够从一个小组或更大的合作伙伴群体中获得社交线索？

难道我们的课堂和项目程序，主要侧重于让孩子一次从一个合作伙伴那里学习社交线索？举例来说，孩子是不是每次只能从教师、辅助专职人员，或助手那里获得社交线索？如果是这样，孩子的学习风格可能会转向只适应有一个成人合作伙伴，并且他是孩子获得社交信息或指导的唯一来源。通常情况下，一旦孩子已经掌握了一个成人的指导技能，"这个孩子或该技能才能被介绍或运用到小团体中"。

平衡：我们也可以考虑在开始教新的日常事项/任务/活动时，将我们的许多活动引入小团体（例如1～3个社会伙伴）中。可在一开始就与一两个合作伙伴一起进行简单的日常事项/任务/活动，以便儿童可以立即意识到并理解日常事项/任务/活动是以"我们"为导向的，这是首要的目标。以社交为导向的干预为儿童提供了参与、回应、互动和从各种社交伙伴示范中学习的机会，并减少对教学策略的关注，这种关注主要侧重于成人指导者提供的行为或期望的"正确"的模仿，例如"做这个……"。这也降低了孩子过于依赖某个主要指导者（如教师或辅助专职人员）的可能性，并从一开始就强化了多个合作伙伴和共同关注为导向的策略，以此作为学习经验的重要组成部分。

物体、活动和人之间转换的灵活度

自闭症儿童与物体或合作伙伴之间的互动是僵硬、重复、不灵活的风格，还是在情绪得到调控的状态下，能以更灵活的、自发的风格进行互动？

我们的课堂和活动方案是否提供了结构化和熟悉程度，并在某种程度上，不会变得太过于死记硬背、僵化以及仪式化？在我们努力提供高度一致性和可预测性的教室或计划结构时，我们的程序可能会在无意中变得太僵化或可预测。例如，在同一时间、地点、人，相同的任务、程序等提供活动。因此，在完成这些活动或任务时，自闭症儿童可能会过于被规则所约束，并当预期不能满足时变得烦躁。当有新的活动、任务安排的时候，他"需要相同"的学习风格，可能不允许和容忍"新的和不同的"的学习风格。孩子的学习风格可能不允许进入计划B，而是以一个刻板的规则，死记硬背的风格去完成活动、任务安排等。

平衡：我们也可能考虑提供任务或活动，并允许孩子以灵活多样的方式参与任务或活动。例如，当你第一次向孩子提供活动、任务之后，下一次可以考虑使用受控的变化策略，即保持基本的主题或期望不变，但变化一个或多个小部件，例如：① 预定的时间；② 地点；③ 结果；④ 使用的物体；⑤ 使用物体的特征；⑥ 顺序；⑦ 合作伙伴；⑧ 轮流的顺序等。通过使用可控的变化策略，孩子会接触到不同的新手段来完成熟悉的活动、任务和进度。此外，孩子的学习风格最终允许他执行计划B。同时，他的学习和参与互动的方法会变得更加灵活。

分享控制

自闭症儿童是否只有在他预定的活动安排被满足时，才能够与同伴互动，还是在情绪得到调控的状态下，自己和同伴的活动同时得到分享和遵守时，才能够参与社交互动？

难道我们的教室和计划程序可以允许特别的孩子控制活动流程，以避免"战争"？例如，有些孩子的学习风格是只有当他的活动流程被满足，才可以参与或维持互动。孩子的互动能力或意愿仅限于他能控制活动流程。孩子的行为也表现出需要重新获得活动控制，以重新建立儿童的舒适区。

平衡：虽然困难，但我们也可以考虑系统地引入学习机会，重点集中在"当……然后……"策略，在这种策略下，孩子必须遵循合作伙伴的活动流程才能进入自己的流程。举个例子，"当你把玩具放回书架上，然后你就可以和我们一起吃零食"。频繁使用合作伙伴简单可行的请求，有助于孩子在轮到他的流程之前先遵循合作伙伴发起的流程。合作伙伴的流程可以及时变得更加系统和全面化，因为孩子明白，一旦遵循了合作伙伴的流程，他的便会马上来到。例如，成人的流程首先被演示并得到满足，"现在我是教练，我完成以后，然后你可以是教练"。

互动方式

自闭症儿童主要通过有限的互动方式与他人互动（如社交互动主要局限于回应合作伙伴的指令或问题），还是在情绪得到良好调节的情况下，在社交互动过程中与合作伙伴在发起、维持和回应等方面达到均衡?

我们的课堂和课程程序是否主要侧重于提供成人主导的学习机会,而儿童在其中只扮演回应的角色? 比如,孩子是否主要是通过回应合作伙伴的指示及问题来学习的? 儿童的学习风格是否表现出对于提示的依赖? 换而言之,儿童是否只在被告知去哪里或做什么时,才与合作伙伴互动? 在其他情况下,儿童只有当需要改变环境(如向合作伙伴索要想要的物品、指示合作伙伴采取行动、对抗合作伙伴的行动)的情况下才会与他人互动,而在出于社交目的的情况下,回应合作伙伴的要求或行为时的互动较少?

另一些情况下,儿童是否可以发起互动并主动回应他人,但不会参与扩展的社交活动从而保持交互式的互动? 换而言之,儿童是否以社交为目的的与他人保持互动?

平衡: 我们还可考虑为儿童提供发起和维持与合作伙伴的社交互动的机会,以促进该领域的均衡发展,而无需合作伙伴提示、指示或代替儿童"思考"。我们主要通过帮助儿童理解"如何"以及"何时"参与基于社交情景及同伴示范的互动,为儿童提供发起并维持社交互动的契机。比如,在没有成人提示或语言指示的情况下,一名儿童可能会通过观察社交信号及其他正在打扫卫生的同伴的预期,去理解在何时应以何种方式参与教室打扫工作。一旦儿童基于此前演练的清理游戏方案(足球训练–足球比赛)并与社交示范同伴"黏在一起"时,社交互动就得以维持。自闭症儿童和其同龄合作伙伴在轮流决定谁是教练,并决定参与者如何执行游戏方案/计划(即主动发起及回应)的过程中,参与者的角色及职责得到了平衡和交换。

建立共同关注还是语言提示的比较:成人合作伙伴进行干预

的首要任务,是要让儿童感知(即建立共同关注)到同龄合作伙伴所示范的有目的和有意地沟通,以支持在执行游戏方案过程中用于发起、维持并回应其他参与者的互动。起初,成人合作伙伴可能需要根据社交情景及具体需求,向儿童示范有目的性及功能性的语言,从而向儿童提供额外的支持。然而,干预的首要任务是让孩子谈论(沟通)其所掌握的信息,并根据其所掌握的社交知识、同伴示范、线索及情景来理解应该在何时、用何种方式沟通,而无须依赖成人的语言提示,比如"说……"或"告诉他们……"等。

注意:本LSP组件区分了个人用行为或语言/信号形式来表达沟通意愿的能力。随着儿童的发育进展,个人沟通意愿最初表现为有目的非语言类行为表达。同样是上述沟通目的,最终可通过使用更具发展性的语言/信号表达形式来展现。上述区分对于认识互动风格的发展进程以及协助儿童最终"谈论其掌握的信息"而言,意义非凡。

语言/信号交流

自闭症儿童是主要使用照本宣科的、机械记忆的和死记硬背学得的词汇、词组来进行沟通,还是在情绪调节良好的情况下,使用更为灵活、自发及生成的口头短语?

我们的课堂和课程程序在教儿童社交沟通时,是否在多数情况下都是依赖于诱导出事先准备好的或记忆中的脚本?例如,家长是否经常指导儿童如何说,说什么。比如"告诉老师'我想吃饼干'"。这些脚本短语可能在语法和语义上看起来很复杂,但说出这些短语通常只需不那么复杂的格式处理即可

(例如在成人指导并诱导下的重复,或死记硬背学会或记住的短语)。同样,问题又产生了——"谁在思考?"很多情况下,都是合作伙伴在告诉儿童"在何时以何种方式沟通",因此儿童只是简单地跟随合作伙伴的引导(例如依赖提示),而并未根据其掌握的社交知识独立从事沟通互动活动。

平衡:我们还可考虑为儿童提供机会,促使其获得更有创造性、生成性及灵活性的语言使用学习风格。一开始上述生成式的沟通尝试可能篇幅较短,但随着孩子逐渐掌握混合与之相匹配词语,语言会变得更为复杂。这些语言表达代表并标志着儿童的知识基础及语言能力(参见案例研究,第16步),而不是"大量记忆内容"或脚本。举例来说,在活动开展的过程中,人物、动作、物体、位置及概念均在有序地变化,且单词/符号也是与之搭配的。儿童可出于各种目的产生和使用创造性的字词搭配,其中包括:要求、选择、回应、指令以及评论等。实例:

1. 要求:"去健身房"或"出去"
2. 选择:"红色果汁"还是"黄色果汁"
3. 回应:"打开电脑"或"打开DVD"
4. 指令:"踢球"或"打球"
5. 评论:"干得好,比利"或"干得好,苏珊"

当孩子理解相关词语的实际含义,并开始使用其自有的语言学习风格及有能力"谈论其掌握的信息"时,上述各类短语均可扩展为更为复杂的话语。以提供选择为例,其中一些词不变,出现一些系统有序的变化,比如"投出红色的篮球""投出棕色的篮球""运棕色的篮球"。鉴于儿童学习语言时采用的风格,更长句子的语言模仿策略如说"……约翰逊先生,我想要一只篮球",并不能促进儿童生成并使用灵活性的语言。

执行功能

自闭症儿童是否在建立并维持关注,从而制订心理计划并完成任务方面显示出困难,或者是否能显示其在情绪调节良好的情况下,以合乎逻辑、有序的方式执行心理计划并最终完成?

教室或课程是否为儿童提供了机会,以学习如何规划并执行根据主题或目的的多步骤活动? 对一些儿童而言,因为儿童随机地从一件物品"跳跃"至另一件物品,一旦在集体时间或休息时间获得各类玩具、物品,任其自行处置(除了感觉震惊的目的),就可导致注意力集中时间短暂,出现冲动或毫不相干的行为等。同样的,如果使用缺乏明确示范的游戏方案,儿童是否会变得无所适从,然后加入成效较低的行为(如自我刺激、寻求感官刺激等)?

平衡:我们可以考虑要求儿童规划脑力活动计划,从而完成基于主题的、按照步骤、有序的任务活动。如可根据下列5个结构化问题为儿童建立示范活动(根据 TEACCH 2005 改编)。

儿童是否知道:

1. 我该去哪?

2. 我该做什么?

3. 我该做多少?

4. 我如何知道任务已经完成了?

5. 接下来干什么?

我们根据上述5个结构化问题为儿童提供高度可视的结构以及具有示范性的"游戏方案",从而协助儿童提升以下方面的能力，如① 持续注意及关注；② 规划脑力活动计划；③ 独立执行上述规划；④ 解决问题并作出决策；⑤ 完成任务；⑥ 及时完成任务。这类学习方式尤其重要，因为儿童的学习风格支持儿童执行脑力活动任务时（如独立完成任务、常规布置的任务及家庭作业等）所需的持久、集中的注意力，而这些可以直接对抗面对物体产生的冲动、随意的行为。这个以5个结构化问题为原则制订的游戏方案，是由儿童规划并执行的，不涉及成人"代替儿童思考"或提供过度的语言提示或暗示。

远距离学习

自闭症儿童仅能对近距离的合作伙伴或情景线索有所回应，还是在情绪调节良好的情况下，合作伙伴距离较远，非紧邻的情况下也有所回应？

在成人合作伙伴与自身距离渐渐增加的情况下，儿童是否有机会对合作伙伴的指令、演示及示范建立并保持共同关注？很多情况下，儿童的学习契机都是近距离小范围内呈现的。即使从较远的距离提供社交学习机会（如常规学校教室），成人合作伙伴仍然是"环境中最重要的要素"。

平衡：我们还希望考虑在向儿童提供学习机会时逐渐增加合作伙伴与儿童间的距离，从而使孩子的学习风格能够支持远距离的共同关注。例如，成人可有意识并有步骤地在距离孩子1.5米、3米、6米及以上给予指令、社交示范及演示，以便儿童的学习方式支持远距离密切注视、关注及回应，而不是把注意力放在对抗教学环境中常见的分心事物上。

转　换

自闭症儿童是显示出转移注意力困难并拒绝配合合作伙伴试图改变活动、事件或地点的要求,还是在情绪调节良好的情况下,以合作的态度转向新的活动、事件或地点?

教室或课程是否为儿童提供了机会,使其得以学习在一系列儿童喜欢及不喜欢的活动、环境及地点组合之间转换? 儿童从不太喜欢的活动转换到更喜欢的活动时,通常乐于接受,但其他情况下接受度就不那么高了。通常使用的转换策略包括计时器、过渡物及各类可视的倒计时方法,这些方法通常都很有效果,但有些情况下,孩子还是会因活动转换得太快,还没来得及充分转换注意力而措手不及。

平衡:我们可能还希望考虑提供纳入社交元素的过渡机会,以便于儿童知晓如何转换、何时转换。例如,成人可向一组儿童发出指令或信号,并要求这些儿童逐一按照指定的信号转换到指定地点。自闭症儿童可站在儿童队伍的末端,这样这名儿童就可以"环顾四周",参照前排的同龄示范者去接受社交及环境暗示。做到以下几项尤为有益。

1. 提供更多时间转移注意力并参与新的活动。

2. 安排多名同龄示范者/演示者。

3. 理解这是一项集体活动,而非仅仅是对他一个人提出的要求,这是最重要的。

4. 儿童是根据其作为班级成员共同参与活动这一点而决定转换的,而不是被成人强迫着决定结束当前活动(即彼此对抗的局面)。

第  章

自闭症谱系障碍儿童
学习风格详解

自闭症谱系障碍儿童学习风格简介（LSP）旨在帮助教师、治疗师和家长了解儿童学习风格特征的操作方案。它也可作为其他正式和非正式的项目规划评估的一个补充，帮助教师、治疗师和家长在以下几个方面作出更加明智的决策：① 如何让自闭症儿童学习；② 如何根据自闭症儿童的核心挑战和学习风格差异，构建合适的课堂和干预方案；③ 为优先执行何种教育和训练项目提供指导。

LSP不是一种标准的评估方法，不是课程式评估，也不是收集的正式的、定量的数据评估方法。LSP不是针对干预的具体目标和目的而设计的，而是旨在确定学习风格的差异，以便设定教育和干预项目的优先事项和方向。LSP认为自闭症儿童没有相同的学习风格或者说学习风格有差异。因此，LSP应该仅用于特殊儿童学习风格干预的指南。

LSP可以用于

1. 作为儿童初始项目评估的一部分。
2. 作为儿童项目评审的一部分。
3. 作为一个持续的过程，用来进行项目的监督、设计和修正。

LSP：定性的数据收集方法

LSP由10个学习风格干预组件组成。LSP采用定性的方法分析组件领域内的学习风格特征(参见第7章)。每个组件包含一个大箭头,分为4个象限(不知道、有点知道、开始运用、习惯性运用)。在每个LSP组件中,这个箭头代表着学习风格的连续性,并从较低到更高级能力和平衡的递进。建议教师、治疗师和家长使用个体化的案例研究和轶事笔记作为优选的定性方法,以确定代表或描述孩子学习风格行为的整体轮廓。案例研究用于观察、反映、描述和解释孩子在自然学习环境中的学习风格特点,其中观察者可能是也可能不是参与者。应优先通过3种自然设定或环境来观察。如果LSP观察由一个团队进行,则选择一个协调者去收集和解释收集到的总体印象,以解释和决定在10个LSP组件中哪一个象限对孩子描述得最准确。采用以上定性方法描述,在象限中设置标记定位,该符号最能代表每个LSP组件中孩子的学习风格特点。如果观察者之间对于象限的定位有不同意见,则通过观察者的论证从而达成一致意见。

LSP步骤

第一步:阅读LSP的概况背景和说明部分,以熟悉LSP及其10个学习风格干预组件的目的、方法和描述。

第二步:采用LSP记录儿童学习风格特征。

(1)作为儿童项目评估的一部分,LSP可以作为孩子初始评估、重新评估或者是定期评估的一部分。LSP适用于儿童早期、小学和中学阶段。

(2)LSP是基于在自然环境中观察到的儿童学习风格概况的非正式文件。LSP旨在采用案例研究的方式去帮助教师、治疗师或者家长搜集定性的信息,作为更加全面的综合评估方法的一部分。

（3）采用下面的LSP连续序列记录程序记录儿童的学习风格特征和平衡。

（4）根据量表,教师、治疗师、父母（或者小组的协调者）可以在10个学习风格干预组件中,选出最能代表孩子学习风格特征的每个组件的连续序列,并标记在下方相应处。每一个LSP组件包含了一个区域收集的轶事笔记。

LSP连续序列记录程序（参见第7章）

低级能力

不知道（红色）: 即使在成人同伴的帮助下,孩子也不知道组件中的目标学习特征（例如,成人同伴采用视觉、语言、社交和/或身体线索提示儿童）。儿童学习风格特征是不平衡并且倾向于与自闭症核心问题（连续系统的左侧）明显相关的学习风格差异（弱势）。

有点知道（紫色）: 在成人同伴的帮助下,孩子基本对组件的目标学习特征表现出知道（例如,成人同伴采用视觉、语言、社交和/或身体线索提示儿童）,但是在成人的帮助下,仍不会参与社交互动。

注意:目标学习风格特点是10个学习风格干预组件中每个组件连续序列最右侧相关的能力（请看下面例子）。当儿童获得这些针对性的学习风格特征时,他们通过有意识地在不同的人、地点和环境中,独立应用这些学习风格而达到更高的平衡。

高级能力

开始运用(黄色):基于社交/环境线索的提示,儿童基本上表现出对组件中的所有目标学习特征有独立意识(没有成人辅助),但是只有在成人帮助下才能参与社交互动(例如,成人同伴采用视觉、语言、社交和/或身体线索提示儿童)。

习惯性运用(绿色):基于社交/环境线索的提示,儿童基本上表现出对组件中所有目标学习特征独立的意识(没有成人辅助),而且在社交/环境线索提示下(没有成人辅助),通过人物、地点和环境,可以独立从事和参与社交互动。

举例

LSP组件1:以物为导向还是以人为导向

孩子的学习风格特征和互动是否大多数是由低级能力体现的?(象限:不知道和有点知道)例如:

1. 主要关注物体。

2. 寻找感官刺激。

3. 沉迷物体。

4. 操作物体。

5. 对物体过分刻板的行为。

6. 对其他人的行动不受影响/不知道。

儿童的学习风格特征和互动大多数是否由高级能力体现的?(象限:开始运用和习惯性运用)例如:

1. 主要注意人或者"我们"的活动。

2. 抬头看周围其他人以获得信息。

3. 注意或意识到其他人以获得信息。

4.寻找机会加入其他人。

5.从事与其他人的互惠活动。

第三步： 基于学习风格简介记录的结果，个体的LSP组件中被标记为递进顺序的红色、紫色和黄色，在教室和干预项目中要优先选择，而红色和紫色有最高优先权。在大多数的案例中，为了儿童个人所需，建议将LSP组件1～5（基于课堂/临床经验）作为最高优先项，或者作为教室和干预项目的启动点。在大多数案例中，教室和项目干预包括多个相互关联的LSP组件组合。

第四步： 鼓励教师、治疗师和家长进行标准化评估，和/或根据课程评估，以确定孩子在自闭症核心问题领域的能力，进而选择具体的IEP目标和目的。

第五步： 一旦孩子的评估和测试完成，团队可以使用LSP协助制订有效的干预计划，增加学习机会的平衡，从而在课堂和干预的环境下培养这些学习风格特征。建议每一个LSP组件的教育和项目优先级应该被列在LSP协议上作为参考。

LSP可以补充其他基于证据的示范、实践和方法，作为儿童IEP和程序开发的一部分。例如：

- 基础语言和学习技能评估（ABLLS）（Sundberg & Partington, 1998）

- 地板时光（DIR）（Greenspan & Wieder, 1998）

- 不只是语言（More Than Word, Hanen）：帮助父母提高自闭症谱系障碍儿童的社交技能（Sussman, 1999）

- LEAP模式（Strain P S, Bovey E, 2008）

- 关键反应训练（Koegel & Koegel, 2006）

- 关系发展干预（RDI）（Gustein, 2009）
- SCERTS模式（Prizant, Wetherby, Rubin, Laurent & Rydell, 2006）
- 结构化教育（TEACCH）（Schopler, Mesibov & Hearsey, 1995）

第六步：LSP组件的实践将会在现场讨论时进行讲述，这些已经在广播、博客和干预指南中有所描述。

LSP每个学习风格干预组件都附带一个音频博客广播（"今日自闭症"的博客广播，见第5章），并提供全面的说明：

1. LSP每个组件的目标。

2. 在教室、干预中心和家庭环境中的应用。

3. 适用于LSP每个组件的策略案例。

第 5 章

自闭症谱系障碍儿童
学习风格评估

根据儿童个人的学习风格特征（劣势和优势），自闭症谱系障碍儿童学习风格简介（LSP）包含的10个学习风格干预组件代表了开发自闭症干预的最重要的核心挑战问题，LSP每一个组件都制作了赖德尔博士"今日自闭症"相应的博客广播。赖德尔博士"今日自闭症"博客广播的目的是为专业人员和家庭成员提供儿童和成人自闭症患者日常互动的实践干预策略、方法和信息。赖德尔博士和他的主持搭档（教师、治疗师和父母）讨论LSP组件和这些组件在教室、治疗室和家中的实际应用。

博客片段1-1

学习风格：以物为导向 VS 还是以人为导向（第一部分）

谈话要点：

◆ 错失的机会。

◆ 更多的时间花在应对上，则更少的时间花在学习上。

◆ 谁在思考？

博客片段1-2

学习风格：以物为导向 VS 还是以人为导向（第二部分）

谈话要点：

◆ 主要通过社交互惠互动中呈现物体（例如，引导孩子"抬起头，环顾周围"）。

- 需要社交参与的互动(例如,我们在做什么? 在没有社交活动流程的情况下很少给孩子物体/任务)。
- 在有多种社交可能的场景中建立某个社交优先进行的原则(例如,我们是环境中最重要的事情吗?)。

博客片段2

通过社交示范、展示和演练学习

谈话要点:

- 通过伙伴的示范提供社交/情境提示(例如,通过观察伙伴和环境获得提示)。
- 基于模型示范、指导和演练的社会模仿(例如,更少的语言提示或者成人指令性的语言指导)。
- 建立社交互惠(例如,强调社交参与、学习和协作的活动,更少关注技能的模仿)。
- 从多位伙伴中获得社交提示。

博客片段3

从多个合作伙伴中获得社交线索

谈话要点:

- 通过多个成人/同龄人伙伴提供社交/环境线索(例如,观察组员以获得线索)。
- 社交模仿学习机会是通过多个社交示范和导师提示(例

如,更少的语言提示和成人的指令性语言指导)。

◆ 提供和多位伙伴社交互惠的机会(例如,活动应强调小组参与/协作)。

博客片段 4

认知灵活度(物体、活动、人)

谈话要点:

◆ 在不同场景、时间、地点或环境中展示的后续活动应该和原始活动不同(例如,活动应该在结构不变的情况下作系统变化)。

◆ 后续活动应与原始活动在主题、顺序或结果方面不同。

◆ 后续活动应与原始活动在物体、物体属性和人员方面不同。

博客片段 5

分享控制

谈话要点:

◆ 目前活动是"教练"根据活动预定的安排最初建立的(例如,通常"教练"是成人或拥有更高级能力的同龄人)。

◆ 目前活动,要求多个合作伙伴基于"教练"的模型和示范去获得社交、沟通、行为线索和期望(例如,参与者最初是跟随"教练"的引导)。

◆ 在多个合作伙伴有机会成为"教练"之后,将活动控制权交给目标儿童(例如,目标儿童将基于之前"教练"的模型和示范来指导小组活动流程;活动不需要精确模仿或者与之前的流程进行匹配,而是遵循既定的主题、组合和顺序)。

博客片段6

互动方式

谈话要点:

◆ 基于多个合作伙伴的模型和示范,开展有助于儿童发起的社交沟通互动机会的活动(例如,用行为和沟通策略)。

◆ 基于多个合作伙伴的模型和示范,开展有助于儿童维持社交沟通互动机会的活动(例如,用行为和沟通策略)。

◆ 基于多个合作伙伴的模型和示范,开展有助于儿童回应社交沟通互动机会的活动(例如,用行为和沟通策略)。

博客片段7

语言/信号交流

谈话要点:

◆ 产生包含及表现各种人员、行动、物体、位置的活动及产生变量,系统地提供代表联合行动流程(JAR)的各种动作序列组合的变量选项(例如,在这个时间段建立和教给最少语言模型)。

◆ 只有在孩子熟悉JAR的各个组成部分后,合作伙伴才会语言示范和产生单词组合,这些组合代表活动中表示的人、行动、物体、位置和产生活动中展示的变量(例如,引出语言模式象征着孩子已经知道了什么)。

博客片段8

执行功能

谈话要点:

◆ 展示由清晰视觉线索、组织和指导组成的模型活动。

◆ 用很少的语言指导或提示进行活动,以便孩子根据所呈现的视觉结构理解计划、顺序和结果(例如,5个结构化问题)。

◆ 在随后的轮流活动中,把逻辑计划的执行转移给儿童,但是并没有语言线索或提示告诉他每一步应该怎么做(例如,因此"是孩子在思考")。

博客片段9

远距离学习

谈话要点:

◆ 在说明活动、任务或目标时,有意识地逐渐增加与孩子之间的距离。

◆ 社交伙伴在演示模型时,有意识地逐渐增加与孩子之间的距离(例如,在距离增加的情况下,伙伴仍然需要成为环境中最重要的事情)。

◆ 在提供语言指导、视觉线索、案例等时,有意识地逐渐增加与孩子之间的距离。

博客片段10

转换

谈话要点:

◆ 建立一个清晰的信号以便告诉孩子转换即将来临(例如,物件、视觉提示、语言等)。

◆ 在伙伴示范和社交环境提供的情境线索时,为孩子提供一段时间来改变注意力和建立远距离关注。

◆ 为了建立一个社交/小组期望,提供转换程序,让其他合作伙伴在这个孩子之前进行系统地转换(例如,我们正在做什么?)。

LSP树图代表了儿童生长和发育的模式,包括支持儿童获得平衡学习风格的互相关联和互相依存的部分(情绪调节、共同关注、LSP组件)。

自闭症谱系障碍儿童学习风格简介（LSP）树图

第 6 章

自闭症谱系障碍儿童学习风格案例研究

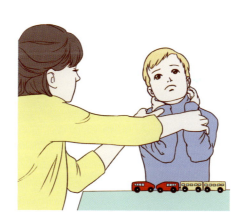

本案例研究将用作基于自闭症谱系障碍儿童学习风格简介（LSP）10个学习风格干预组件和干预指南的一个范例。安迪是一个虚构的孩子，代表同年龄的自闭症儿童的综合特征，包括发展阶段和类似的学习障碍特点。这个案例对如何将LSP干预指南融合到常规教育计划中有指导意义。

目前的功能水平表现总结

安迪，5岁男孩，已被诊断为自闭症。他既参加了常规儿童发育计划，也参与了完整的残障儿童发育计划。他学会了8～10个词，在以下高度需求的情况下会不连续地、偶尔地应用这些词汇，包括需要物体时，反抗不愿意做的行为时，指挥别人的行为时。在熟悉的环境下，他有时能够遵从成人简单的手势和动作命令，有时不能。在一个有结构性和高度激励性的小组活动中，他能够近距离观察其他人，也能在成人动作/语言的提示下偶尔模仿周围人的讲话和行为。但是，他更愿意用几种喜欢的玩具，在与其他人无关联的情况下寻求感官刺激和进行机械性的游戏。安迪无法与同龄人一起参与有组织的联合行动流程（organized joint action routines, JAR），也不能够遵守教室规则和组织。当安迪的活动安排被打乱、干预或不被支持时，他会变得非常沮丧、易怒和情绪失控。

行为观察

安迪进入教室后,就像他每天做的那样,立刻走向小汽车坡道(匝道)模型,而不理会教室里其他的成人或同学。当时同学们正聚集在水池边,观看成人演示新水车。安迪站在放有汽车玩具模型的架子旁,盯着玩具却背对着教室里的其他孩子们。他一次次地有节律地重复玩着玩具汽车和坡道,就像他每天做的那样,下一件事就是抓起另一辆玩具汽车,推下架子撞在地面上。然后他会试图将轨道也推下去,这样轨道也会撞在地面上,但它并没有掉下来。安迪会因为轨道不掉下来而不开心,上上下下蹿跳、晃胳膊和大哭不止,最后自己也躺在地上。一个成人从远处喊,"安迪,出了什么问题?"但安迪既不知道也没有对成人的声音做出回应。他竭力抵制成人试图拿起汽车坡道并将其放在架子上。安迪开始走动着轻轻触摸每个玩具,然后他随意地继续走动,似乎没有注意到同伴在水台旁的笑声,也没有看到有一个接近并开始玩车轨道的孩子。

直到当安迪在附近的地板上看到一个小玩具时,引起了他的注意力,他停止了哭泣。他把玩具向右举高,然后用手旋转。一旦同伴离开该区域,安迪就将玩具放在汽车坡道上,再次试图将坡道推离架子,但再次失败了。然后他失去了兴趣,开始漫无目的地在架子的周围闲逛而没有专注于房间里的成人或同伴,他们聚集在整个教室的几个游戏小组中(例如拼图、积木、绘画、计算机中心)。然后安迪走近另一个带有玩具箱的架子,有规律地将所有小玩具从箱子里扔出去。他在寻找一个特定的玩具,忽略了别人在远处喊他名字。他找不到一个感兴趣的玩具,立刻变得焦躁不安，躺在地上，发出尖锐的尖叫声，摔了更多的盒子。

安迪开始哭泣，背对着成人和同龄人。一个成人走过来给了他一个拥抱。他从那个大人怀中挣脱出来，直到另一位成人给他那个他正在寻找的小玩具，他才平静下来。他立即抓住了那个新玩具，退回到远离成人和同伴的架子区域。他把玩具放在眼前，旋转它，然后开始哼唱和绕圈走路。与此同时，他的同龄人开始排队等候休息，但是安迪没有注意到成人的语言提示和教室里其他人的举动。然后，一名助教在孩子们离开后牵着安迪到门口。安迪受到视觉吸引，被助教牵着走出门口的时候，用另一只手无意识地拍打小玩具。

注意： 根据课堂、背景、活动、学业、年龄、残疾程度和其他变量，这些指南的应用方法可以有差异。以下是一个应用的范例。

下面的案例说明了一种多层次的干预方法，其中10个学习风格干预组件以相互关联和相互依赖的形式被呈现出来。下面的优先事项代表了我们决定安迪的相对学习风格差异后干预的一般进展。优先事项不代表发展顺序，不应以线性模式处理。每个儿童/成人学习风格的概况各不相同，应根据对需求和优先事项的综合评估进行个性化设计。

对安迪干预的重点和步骤

1. 首要任务是将安迪从以物为导向的学习者变成以人为导向的学习者，使他更容易在课堂上学习，并以社交模式和导师互动。

2. 第二个优先事项是建立联合行动流程（见下文的 JAR 指南），以便安迪学会在与人互动的过程中分享活动安排，并在这些互动过程中更灵活地和他人交流。

3. 第三个优先事项包括社交和认知组成部分，因为我们专注于安迪能够作计划、执行和参与基于规则的活动。

4. 第四个优先事项是增加安迪的互动风格平衡，以便他能够在互惠互动中成功地与他人一起参与（发起、维持、回应）。

5. 第五个优先事项是增加安迪的象征性互动交流能力，以便能独立地产生和使用自发语言，来完成各种社交实用技能。

6. 第六个优先事项是提高安迪远距离学习的能力，并在学习环境之间成功转换。

情绪失调和行为问题

安迪的很多行为，诸如扔掷、尖叫及随地打滚等都可以视作异常，需要针对这些行为讨论治疗和矫治的策略，所以干预的首要原则是协助（治疗）团队理解安迪情绪失常和行为问题的关系，以便于形成和规划一个详细的行为问题治疗方案。一个能够调节情绪状态的人都能够做到：① 与其他人相关，即同理心；② 形成同伴关系；③ 参与积极的社交互动。

LSP 训练安迪应用"自我调节"：

1. 独立地表现出向别人学习和互动的可能性。

2. 在熟悉的活动中使用适合发育水平的策略来调节唤醒水平。

3. 调整情绪以适应环境中的新挑战。

LSP也在"相互调控"上支持安迪治疗团队,辅助安迪控制生理性兴奋,以便于:

1. 表达适度的情绪。

2. 对其他人给予的帮助做出回应。

3. 对相关行为的反馈和引导做出回应。

4. 请求别人的帮助来调控自己的情绪状态。

5. 在同伴的帮助下,从异常的失控中恢复。

"自我和相互调控"能力帮助安迪通过"少花时间应对,多花时间学习"来最大化增加他的学习机会。我们的核心是增强安迪的这些能力:

1. 维持注意力。

2. 处理信息。

3. 开始与人的互动。

4. 维持参与度。

5. 对他人做出回应。

6. 积极地参与联合行动流程(JAR)。

7. 增加学习速度。

8. 符合学习和课堂的期望。

安迪的训练计划指南

课堂设计和治疗策略是治疗团队应用LSP指南制订的,旨在鼓励和促进目标学习方法特点之间的平衡。课堂设计和治疗聚焦于增加机会使安迪注意到教室内的学习机会,并培养新的LSP目标特性,这些特性能够使安迪被社交活动吸引并参与其中。

联合行动流程(JAR)和指南

与安迪的治疗小组一同制订一对一和小组治疗方案。教师、助教、语言心理学家和治疗师制订和建立了3个不同的JAR(见下文的JAR指南),它们的主题是汽车坡道、火车轨道、水塔。这个案例研究将着重于"汽车坡道"JAR。3个JAR将会作为安迪的社交、沟通和情绪调节IEP目标之一,最终完全嵌入全天的教室活动安排中。

团队制订了以下3个JAR活动,之后会在操作中再详细描述。

(注意:括号中的"汽车坡道"JAR作为示例)

1. 活动有一个明显的主题或目的,吸引大家共同的注意力(例如,让玩具汽车翻进水箱里)。

2. 活动有一个必须做到的要求,要满足相关焦点和互动,以支持相互作用(例如,由教师和同伴常规演示、示范、解释)。

3. 活动有少量简单清晰的规则(例如,用水灌满容器;把玩具汽车放到轨道上,再滑下来;重新拿回汽车)。

4. 活动有可交换的和可逆的角色(例如,在3个参与活动的人中轮流变换角色)。

5. 活动有一个符合逻辑的、非任意的顺序(例如,充水、滑车、拿车)。

6. 活动有可预测的顺序,轮流进行的结构(例如,给予研究对象某一东西来代表轮到他们,比如用来装水的水桶)。

7. 活动能有计划地重复(例如,用指示牌指示事先计划的3个汽车)。

8. 活动有一个可控变化的计划，以增加灵活性（例如，小汽车、卡车和小船轮流从坡道滑下）。

5个结构化问题

这个"汽车坡道"JAR包括5个有关教室设施的问题（LSP第8个组件）：能看见的教室设施和社交环境，使安迪能够回答下述问题：

- 我该去哪？（例如，与同伴或教师一起去垫子和汽车坡道那里）
- 我该做什么？（例如，停下来，等待，抬起头环顾四周，向教练/同伴寻求线索或指示）
- 我该做多少次？（例如，盒子里放入5辆小汽车/卡车/小船）
- 我怎么知道我做完了？（例如，5辆小汽车都滑下了坡道）
- 接下来做什么？（例如，给安迪水桶这样一个可以看得到的线索时，使其进入到下一个装水的角色）

安迪计划的制订

教师、助教、语言心理学家和治疗师共同参与，轮流加入治疗。"成人"泛指在这个案例研究中的专业人士。"教练"是指在建立或启动各种活动中，供其他人仿效的第一个示范者/指导教师。

第一步：在教师的允许下，教室里放置汽车坡道的架子可暂时清理,只留下活动中成人指定的物品。这是为了在完成新的JAR时减少额外的刺激和竞争(比如过多的分散注意力的物品)。在此干预开始的前几天,给安迪提供汽车坡道玩具组的部分部件作为过渡和转换(LSP第10个组件)。首先安迪知道小汽车是玩具套装这个整体的一部分。在家吃完早饭后把汽车交给安迪,安迪的父母简单地介绍汽车,如"到了学校,就是你和琼斯玩小汽车的时间",然后让他带着小汽车去学校,走过走廊,告诉他进教室去干什么(例如完成游戏)。这样做,可以消除孩子从家庭到教室,通过教室门时产生的紧张情绪。这里注意,问候(如对成人和同伴说"你好")并非重要的事,重要的在于"平稳"过渡。当然,孩子问候的同伴也会加入他的交流训练计划中。

注意:这个过程可以适当修改,以便于负责安迪教室的成人能够完成类似的转换过程,从一个教室到另一间教室,或从教室的一个区域到另一个区域。

第二步:当安迪进入教室,他会碰到手里拿着同样小汽车的一个同伴。3个不同颜色的垫子被放置在游戏台附近的地上(LSP第4个组件),成人帮助安迪跟着同伴(LSP第2个组件,第8个组件),走到垫子那里。同样,帮助安迪每次坐在不同的垫子上,避免远处学习行为的打扰。当同伴把他的车放在轨道上时,成人用表情、肢体语言、最少的文字提示吸引安迪的注意力,引导安迪也将车放在轨道上,紧挨着同伴的车子(相同对相同,LSP第2个组件)。

第三步:在开始"汽车坡道"JAR前,不要设置常规的物品或容易处理的物品,也不要给安迪机会与自己互动。因为如果这样,成人需要打断或再引导安迪回到可能的"以物为导向模式"("我看到、我想要、我拿"),这样会增加安迪情绪失控的可能性。这个项目中参与的成人或同伴通常才是被设计的JAR主要焦点(LSP第1个组件)。换句话说,成人和同伴被设置为环境中最重要的事情,以便使安迪在"与他人相关"的状态中学习,而不是"寻求感官刺激或以物为导向"的学习,这种学习方法经常与"多中心和多重注意力"相悖。

第四步:开始JAR之前,成人通过表情、肢体语言和最少的文字提示建立一个社交注意事项,以帮助安迪在开始JAR活动前做到"停下来""等一等""抬起头,看看周围"。如与预期一致,可让安迪面向成人或同伴坐或站在一个垫子上,眼神接触不是开始JAR所必须做的,但是,社交导向或接近同伴之一是建立共同关注、寻找他人和参与其中的关键(LSP第1个组件)。如果可能,辅助专业人员或助教帮助安迪能够进入共同关注,他们使用手势和身体接近,使安迪的注意力集中于成人和JAR活动,但在这个过程中尽量使用最少的语言提示。

第五步:在安迪的"社会理解力和学习可能性"培养上(LSP第2个组件),成人运用表情和肢体语言作为线索,建立一个以人为导向的学习方式是其中的关键(LSP第1个组件)。要尽可能少地使用词或短语的引导,如"看着我",这意味着安迪会依赖这一类提示短语来学习,因为他不需要通过观察成人或同伴得到提示应该做什么。这也意味着安迪将建立眼神接触,不依赖提示而继续看着成人或同伴,因为同伴是环境和信息最重要的来源。

第六步:一旦安迪和他的同伴(在接下去的部分会增加一

个新的同伴)被安置在垫子上,并且建立了目标,成人便从架子上拿下了汽车坡道材料,并且按照治疗团队的意图开始建立JAR。成人需要依据JAR指南和5个结构化/视觉提示指南(LSP第8个组件)建立JAR。在离开安迪和同伴不远处,汽车坡道被放置在矮桌子上,坡道向下朝向地面。在坡道下方的地面上放置1个大塑料盒。3个水桶紧挨大塑料盒放置。3个小的塑料盒紧挨桌子上的汽车坡道,排成一排放置。1号盒子放置5辆小汽车,2号盒子放置5辆卡车,3号盒子放置5艘小船。将1个盒子放在地面上,紧邻大塑料盒,标上"完成"。

第七步:一旦安迪面向成人并建立了关注(参与关注),成人开始示范和演练"汽车坡道"JAR(LSP第2个组件)。这便是用最少的语言指导和提示。成人("教练")演示了JAR的第一步,即在附近的水槽中把水桶装满水,将水倒入一个大的盒子中,然后将水桶倒置在原来有标志的地方。物体和活动由"教练"示范给安迪,以建立"我们"的方法(我们正在做什么?)。物体的使用是由同伴在简单功能性的、有目的性的和有序的活动中嵌入和示范的,不包括寻求感官刺激、仪式化或死记硬背的交互模式。安迪的同龄人之后也被要求装满水桶,而且以相似的方式将水倒出(LSP第3个组件),这些活动是用最少的语言指导和提示来完成的。成人主要是通过采用有目的的手势或者身体靠近来完成这个要求的。我们的目标是让安迪关注和寻找来自多个伙伴的社交和环境线索、手势、行动、期望等而不是遵循语言提示,以此促进他获得社交知识和方向的能力。

第八步:然后成人用手势指向水桶并且用身体接近(最少的语言提示)提示安迪参与。安迪的优先事项是:观察、部分参与,或者根据"教练"建立的活动流程(LSP第4个组件)完全参与。安迪有机会通过轮流跟随或回应(LSP第6个组件)成人和同伴的领导和活动流程作为开始尝试培养安迪愿意参与共享活动(LSP第5个组件)和促进与他人的互动风格的平衡。成人以自己的运动能力来帮助安迪完成一系列运动行为,而不是用身体提示。他的运动意识和运动能力在多次有计划的重复中有所增加。治疗师还指导、排练和练习本JAR中的运动序列元素,以便在课堂上培养安迪对这些技能的独立应用(LSP第6个组件)。

注意:我们提及的这些教学前的努力就像足球的练习比赛一样(比如:为比赛而练习)。

第九步:然后成人在汽车坡道边上放置那个装着小汽车的小塑料盒,一个接一个地让小汽车慢慢地滚下斜坡,然后每辆小汽车冲入装水的大塑料盒中。一旦所有的小汽车都冲入水中,成人将湿的小汽车放到标有"完成"的盒子中。成人基于结构和视觉结构的5个问题(LSP第8个组件)对"汽车坡道"序列活动进行示范。

1. 我应该去哪里?(去小汽车斜坡桌子)

2. 我应该做什么?(让小汽车滚下斜坡然后冲向水)

3. 我应该做多少个?(在盒子中的5个小汽车)

4. 我怎么知道我已经完成了?(盒子里面已经没有小汽车了)

5. 下一步我应该做什么?(把湿的小汽车放到标有"完成"的盒子中)

第十步:成人与同伴重复并促进"汽车斜坡"序列。成人使用手势、身体靠近和最少的语言提示来定位和关注同伴的活动顺序,同时继续让安迪建立对同伴的共同关注。安迪作为同龄人中"我们"的一员(LSP第1个组件,第2个组件,第3个组件),抬头看周围从而获得必要的环境和社交线索,因为呈现给他的物体只与人有关。除非特殊目的或者社交活动安排,成人应注意不要给安迪物品,因为安迪受物品刺激和过度唤醒的可能性非常高。从以往经验上看,从以物为导向的行为转变为社交活动安排,通常会导致情绪失调,最终导致行为困难。因此,成人促进了"以人为导向"的学习,为社会学习奠定了基础。

第十一步:成人和安迪反复进行,以促进完成"汽车斜坡"的序列活动(LSP第2个组件)。成人采用手势、身体靠近和最少的语言提示去定位,并让安迪关注活动的顺序。成人采用反向推理指导安迪将5辆小汽车滚下斜坡,然后将湿的小汽车放在"完成"的盒子中。反向推理方法如下:① 成人首先示范"小汽车斜坡"的顺序,通过将前4辆小汽车推下斜坡;② 采用参与关注和简易的手势提示安迪将最后一辆小汽车推下斜坡(例如,安迪完成了成人所开始的那样)。随后改变,成人推下前3辆小汽车,安迪完成后面2辆,以此类推。这个项目一直进行到安迪不需要伙伴的提示和演练,可以完成这个事情。同样地,将湿的小汽车放入"完成"的盒子中也应用了这个步骤。为了让安迪最终能独立完成任务,治疗师协助参与了运动计划,直至安迪达到一定的熟练程度。

第十二步:不同的盒子随后被随机分配给每一个参与者,以便安迪灵活地在物体、活动及人之间转换(LSP第4个组件)。这也是避免仪式化、机械的互动模式。最初,安迪和他的同龄人没有选择权，因为安迪更喜欢选择原来的盒子并创造新的规则。尽在掌握之中的变化包括：① 盒子中小汽车、卡车、小船的数量；② 物体的颜色、形状、大小；③ 参与者的顺序；④ JAR活动的顺序；⑤ 主题的结局（例如撞击替代了落水）等。

第十三步：通过轮换成人和增加新的同龄人来进一步实现受控的变化。同龄人的数量由1人增加到3人（LSP第3个组件），并进行轮替（LSP第4个组件）。

第十四步：此时，为了增加安迪和同伴可利用的JAR数量和种类（LSP第4个组件），采用相似的过程和方法建立2个额外的JAR，火车轨道和水塔。这一步很重要，因为学习的定义包括安迪能够在更自然的环境中，独立地将他的学习风格特征应用于人、地点和环境。

第十五步：下一步是在3个JAR中的参与者之间促进互动风格的平衡性（LSP第6个组件）。安迪和他的同龄人有做"教练"的机会。这允许孩子们建立或者维持原来的活动流程，或轮流遵循另一个孩子的活动流程（LSP第5个组件），来轮流进行游戏。这些策略主要让同龄人互相学习，同时也包含了解和运用社交实际技能（使用行为和/或沟通策略），以促进互动风格的平衡（例如，发起、维持和回应）。成人的角色是促进整个团体参与者的共同关注（LSP第3个组件）。这个互动主要依赖同龄人，而不是成人促进完成JAR。

这个过程由成人作为"教练"开始，然后安迪和其他同龄人轮流建立和启动项目。最重要的是在同龄人的跟随下，安迪发起一个简单的动作序列。安迪和他的同伴通常采用原始的

"教练"JAR模式作为原型,起初非常简单,不需要语言解释,通常单个词足够启动JAR。随着安迪和他的同伴有了更多的"教练"经验,他们渐渐适应了JAR。只要JAR主题相同,作"教练"时允许以相同的方式修改JAR变量,例如物体的使用、特征、顺序、伙伴、轮替、结局等。作为最初的"教练",成人需要通过示范并详细阐述、适应(LSP第4个组件)和维持JAR更长的时间,以延长互动时间。最初的"教练"也需要为安迪和他的同伴建立一个机会,也就是建立一个协作的流程来构建并完成活动和任务。LSP指南(LSP第6个组件)被用来发展JAR原型,有如下设计:

1.给安迪和他的同伴提供机会去发起社交互动,为了:

(1)要求或者提供选择。

(2)引导其他人的行为。

(3)欢迎和获得其他人的关注。

(4)演示安排好的流程,并按照顺序执行的活动。

(5)将物体给其他人。

2.为了给安迪和同龄人提供便利的机会去维持社交互动,促进:

(1)社会评论。

(2)大声说出来。

(3)标记。

(4)轮流。

(5)互惠。

3.为了给安迪和同龄人提供便利的机会对社交互动有回应,需要促进:

（1）回答问题。

（2）回应（承认）。

（3）酌情评论。

（4）遵循指导。

（5）重新获得。

第十六步：我们的下一步是进一步发展安迪的语言/信号交流的能力。我们强调的是通过安迪的观察和理解所呈现的JAR变量（例如，人物、动作、物体、位置、属性）的多种组合，来教授单词的含义（语义），然后表示或象征安迪知识库的模型语言（LSP第7个组件）。

在该过程的初始阶段，主要通过语言绘制过程促进语义知识。我们的首要任务是让安迪建立共同关注（LSP第1个组件），并展示对JAR中的人物、动作、物体、位置和属性意义的认识和理解，因为它们是由成人和同伴的语言绘制过程来演示和标记的（第十六步以后）。我们的重点是将孩子已经知道和理解的东西冠以语言的标签（就像地势图一样），来促进真正的符号交流。我们没有采用传统的语言示范的方法和采用提问的形式，就像"安迪，说……"或者"安迪，这是什么？"在早期干预阶段，这些常常被用作主要的教授方法。基于安迪的学习风格，我们觉得他能快速学习，促进语言提示的依赖，只对特定的情况/问题给出特定（相同）的回应，如果主要通过成人引导的方法教育的话，会成为仅有应答的学习者。我们也认为，如果语言绘制对于他有真正意义的话，安迪会发起更多的口头语言。

在语言绘制过程中，成人的第一任务是嵌入各种选择和选项,以表示和区分JAR的各种动作序列。

成人：

1. 包含不同的人物、动作、物体、位置和属性（变量）（LSP第4个组件）。这些变量通常被语义学分类或者"意义"分类：

（1）发起者（人、执行活动的物体,如人名或者小汽车、卡车、小船等）

（2）动作（动词,如走、停、装、泼等）

（3）物体（行为的接受者,如桶、盒子等）

（4）位置（地点,如水槽、水、墙、斜坡等）

（5）属性（概念,如颜色、形状、大小、数量等）

2. 系统地操控JAR的变量,在2～3个环节序列中有不同"意义"的组合。注意"混合与匹配"语义学的分类,为后面产生的语言应用作一个前导（如下）。语义学分类组合的例子如下：

（1）引导者/物-动作

（2）引导者/物-位置

（3）动作-物体

（4）动作-位置

（5）属性-物体

（6）引导者/物-动作-物体

（7）动作-物体-位置

3. 我们促进了安迪对单词表达和2～3个衍生词的口头使用。同伴继续被用作主要的语言模式,因为他们演示了如何以及何时"混合与搭配"JAR的变量,并产生代表多种JAR动作顺序和语义学分类的语言方式。

4. 我们采用以下步骤去促进安迪的衍生词语言：

（1）成人最初在各种语义类别（例如，引导者/物、动作、物体、位置、属性）内提供挑选变量的选项或者选择。因为安迪非常有可能重复给出最后一个选项（成人问"你想要小汽车还是卡车"，安迪答"卡车"），以下步骤用于增加语言的进程和答案的有效性。

- 成人在多个选择形式中提供一系列单词的选项，例如，成人说"小汽车、卡车、小船"（停顿）然后，成人问问题，"你想要哪一个？"换句话说，成人先给予一系列的答案，然后停顿，为了给安迪时间去处理，然后提出问题。

- 这个过程被用于安迪在所有语义学分类中（例如，引导者/物、行动、物体、位置和属性的语义学分类）选择选项，以便增加安迪在未来单词组合的词汇平衡能力。

- 同样的方法用于促进跨语义类别的单词组合，例如，卡车掉进水里，船掉进水里，小汽车掉进水里（停顿），然后问"你想要怎么做？"或者选择另一个问题。

（2）成人还提供了一系列选项，同时通过为安迪提供一步指导来将所有语义类别中的1个单词和2~3个单词组合。这些包括单个单词的选项，如"给我……"或者"拿……"。成人辅导还包括一步指导，其中包括各种语义单词组合，例如："安迪，把小汽车放在斜坡上"，或者"把卡车放在斜坡上""把卡车放在盒子里""把卡车放在水里"等。

（3）成人还提供了一系列选择，同时通过使用谁、什么、在哪里来促进1个单词和2~3个单词的生成回应，例如，成人问"小汽车在哪里？"，安迪答"汽车水"或者"汽车斜坡"。

（4）成人系统地改变动作顺序选项，以便包括语义学分类多种组合：

- 引导者/物−动作（如卡车掉进水里，卡车撞）
- 引导者/物−位置（如卡车水，卡车斜坡）
- 动作−物体（如撞卡车，撞船）
- 动作−位置（如去垫子那里，去斜坡那里）
- 属性−物体（如大船，小船）
- 引导者/物−动作−物体（如小汽车撞到积木里，卡车撞到积木里）
- 动作−物体（如倒水）
- 动作−物体−位置（如把水倒进盒子里，把水倒进水槽里）

这个方法通常被称作基本语法方法，它优先考虑语言的发展、生成及灵活使用。这个方法特别适用于采用模仿语言或者其他学习风格的儿童。我们的首要任务是通过理解如何有意识地改变单词和单词顺序，来表达（即"谈论你所知道的"）并表现出灵活地思考和处理，从而帮助个人超越记忆的、脚本化的话语，使其更具有生成性的话语（LSP第4个组件）。

5. 我们采用互动方式（LSP第6个组件）指南在发起、维持及回应互动的组件之间建立平衡，以便为安迪和他的同伴提供语言在不同社交实际使用中的机会。随着"教练"角色的轮换（LSP第5个组件），每个同伴更容易使用各种单词组合，建立和遵循彼此的流程。通常，同龄人先做"教练"（LSP第3个组件），安迪可以从观察"如何和何时"使用语言来启动、维持和回应他人中受益。当轮到安迪成为"教练"时，成人和同伴没有语言提示、提问，也没有为安迪"思考"。成人和同伴犹豫着、期望地看着安迪,并运用环境/社交线索建立共同关注,以提高语言和衍生单词(1~3个)在社会实际(有意地交流)中的独立运用,以促进JAR的行为顺序。重点和优先权是让安迪在互惠的社交活动中,独立地使用衍生词语组合发起、维持以及回应同伴。

6. 言语治疗师通过促进、练习和彩排特定需要额外注意的学习风格特征,(如足球练习、足球比赛)在家中完成这项干预工作。这个干预的主要目的是提前教授JAR的各个方面,以促进安迪在课堂上与同伴互动时变得更加独立(例如:知道怎么和何时使用这些技能;自发模仿行为和语言;可理解的言语;多个角色回应)。

第十七步:随着安迪对JAR越来越熟悉,成人提供活动、任务、物品、视觉提示和语言提示时,有意识地增加与安迪的距离(LSP第9个组件)。距离从1米逐渐增加至3~4.5米。同龄伙伴(LSP第3个组件)的辅导也有意识地增加距离,同时成人继续帮助安迪建立和维持远距离的共同关注(同伴和环境提示仍然是最重要的事情,即使距离增加)。

第十八步:在教室、言语治疗师的房间和感觉统合治疗师的房间反复过渡,在此时被优化考虑(LSP第10个组件)。安迪和他同伴每个人都获得了代表每个房间过渡的物件。在这个情况下,他们每人都得到一小容器的鱼食,这样当他们到达言语治疗师的房间时,就可以喂鱼。鉴于在门口排队的指示,同伴在教室里一个接一个地排队(LSP第3个组件),而辅助的专业人员则促进安迪的远距离共同关注(例如:使用手势去引导和聚焦安迪的目光)集中于同龄人的行为中。在没有成人和辅助专业训练师的语言提示下(只是通过同伴的社交和环境提示），轮到安迪排在同伴后面，依次走进言语治疗师的房间作为完成整体（鱼缸）程序的一部分（鱼食）。

第十九步：可衡量的IEP目标/目的的建立（参见LSP协议的示例）用来支持LSP准则和步骤。整个过程旨在支持我们对学习的定义，即一个孩子能独立地通过人物、地点和环境去学习技能，知道如何和何时使用技能（Prizant, Wetherby, Rubin, Laurent & Rydell, 2006）。因此，我们收集数据的方法是基于安迪独立运用IEP目标/目的的水平，而不是基于准确率的水平。

第二十步：上述案例研究中概述的LSP程序通过人物、地点和情况贯穿一天。未来的IEP目标和程序将把LSP组成成分融入学术和博客中描述的特殊教育和包含设置的工作任务中。

第 **7** 章

自闭症谱系障碍儿童
学习风格测评方案

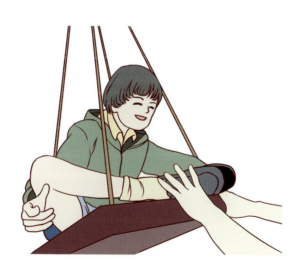

1. 以物为导向还是以人为导向

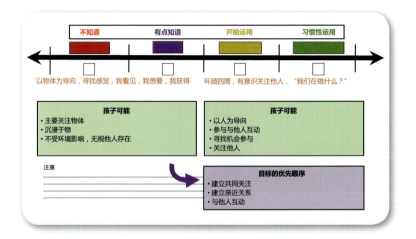

自闭症谱系障碍儿童学习风格(LSP)第1个学习风格干预组件是引导自闭症儿童的社交行为从以物为导向的模式,转化为以人为导向的模式。自闭症儿童的社交行为主要以物为导向,他们在跟物体的接触当中寻找感觉,他看到了什么,他想要什么,他获得了什么。自闭症儿童主要关注的是物体,并且不受环境的影响,无视他人的存在,沉浸在跟物体的感觉接触中。通过LSP第1个组件训练,希望自闭症儿童能够开始以人为导向的社交行为,会观察周围的环境,有意识地关注他人,关注别人在干什么,大家一起在做什么。社交的聚焦点集中到人的活动,参与和他人的互动,并且寻找机会进行和他人的互动,也关注环境中其他人的活动。因此,LSP第1个组件按照优先顺序依次是:① 引导自闭症儿童从以物为导向向以人为导向的行为模式转变,引导孩子的共同关注;② 建立跟他人的亲近关系;③ 跟他人进行互动。

2. 通过社交示范、展示和演练学习

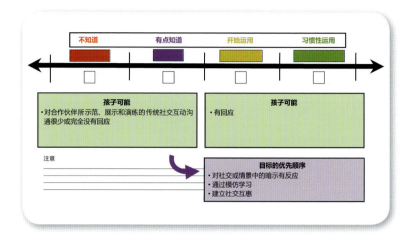

　　LSP第2个学习风格干预组件是通过社交示范、展示和演练来学习社会交往。自闭症儿童通过训练对社交线索可以从不知道、有点知道、开始运用,最后达到熟练运用的层次。自闭症儿童对合作伙伴试图来示范、展示和演练传统社交互动沟通,常常是很少有反应或者没有反应的,通过LSP第2个组件训练,希望能对合作伙伴的传统社交示范、展示和演练有回应。因此,LSP第2个组件按照优先顺序依次是:① 通过社交示范、展示和演练的多种方式学习,让自闭症儿童对社交或情景中的暗示有反应;② 让自闭症儿童通过模仿来学习;③ 建立社交互惠。

3. 从多个合作伙伴处获得社交线索

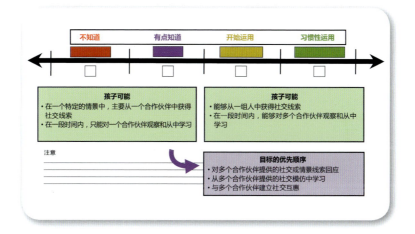

LSP第3个学习风格干预组件是能从多个合作伙伴处获得社交线索。自闭症儿童对社交线索完全不知道或有点知道,他们在一个特定情景中,主要从一个合作伙伴中获得社交线索。通过LSP第3个组件训练,希望自闭症儿童能够开始运用,并且最后能够习惯性地运用从多个合作伙伴处获取社交线索。孩子能够通过群组活动获得社交线索,并且在一段时间内使用情境学习,从合作伙伴那里观察和学习到社交线索。因此,LSP第3个组件按照优先顺序依次为:① 对多个合作伙伴提供的社交或情景线索有回应;② 从多个合作伙伴的社交模仿中学习;③ 建立与多个合作伙伴的社交互惠。

4. 物体、活动和人之间转换的灵活度

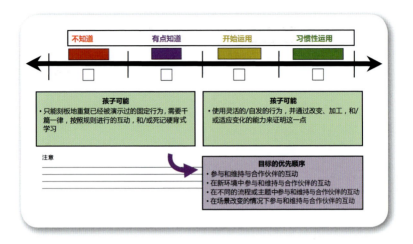

　　LSP的第4个学习风格干预组件是建立在物体、活动和人之间转换的灵活度。自闭症儿童常常不具有或略微具有这种灵活性。这种孩子通过固定不变的行为,需要千篇一律的、按照规则进行的互动,和/或死记硬背式学习,习惯使用重复的、刻板的行为。通过LSP第4个组件训练,希望孩子开始具有或能完全具有物体、活动和人之间转换的灵活性。孩子能使用自发的、灵活的行为,具有变化、调节和适应变化的能力。因此,LSP第4个组件按照优先顺序依次为: ① 参与和维持与合作伙伴的互动; ② 在新环境中参与和维持与合作伙伴的互动; ③ 在不同的活动流程或主题中能参与和维持与合作伙伴的互动; ④ 在场景改变的情况下能参与和维持与合作伙伴的互动。

5. 分享控制

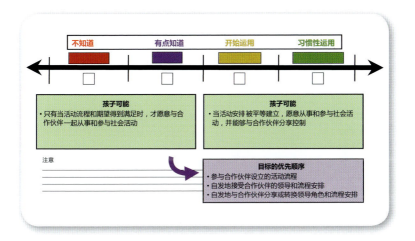

　　LSP的第5个学习风格干预组件是分享控制。自闭症的孩子对分享控制不知道或有点知道。这些孩子只能在自己的活动流程和期待被满足的时候，才能跟合作伙伴一起参加社会活动。通过LSP第5个组件训练，自闭症儿童能够开始运用或持续运用分享控制。当活动安排被这些孩子和他们的合作伙伴平等建立和共享以后，这些孩子能够参与社会活动。因此，LSP第5个组件按照优先顺序依次为：① 参与合作伙伴设立的活动流程；② 自发地接受合作伙伴的领导和流程安排；③ 自发地与合作伙伴分享或转换领导角色和流程安排。

6-1. 互动方式：启动

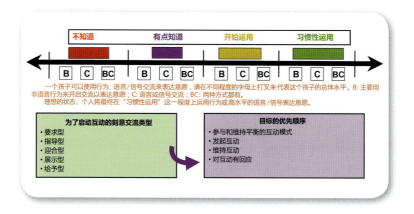

  LSP第6个学习风格干预组件是启动互动。一个孩子可以使用行为或者语言/信号交流来表达他的交流意图。请在上面图表相应处打叉来代表这个孩子的总体水平（不知道、有点知道、开始运用或习惯性运用），以及这个孩子是否使用了非语言的行为或语言/信号行为，或两种方式都使用，在有意沟通中回应对方。理想情况下，一个孩子会最终持续性地同时运用行为和语言/信号的两种表达方式。自闭症儿童一般不知道或者有点知道进行互动的启动，他们常常为了开始互动而进行刻意交流。为了启动交流而刻意交流的类型包括：要求型、指导型、迎合型、展示型和给予型。希望通过LSP第6个组件训练，最后形成合适的互动启动方式。因此，LSP第6个组件之一按照优先顺序依次为：① 参与和维持平衡的互动模式；② 与合作伙伴发起互动；③ 与合作伙伴维持互动；④ 对合作伙伴有回应。

6-2. 互动方式：维持

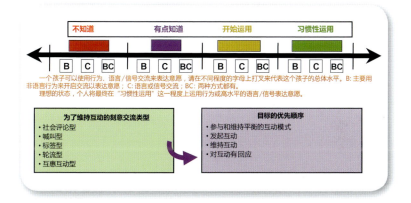

　　LSP第6个学习风格干预组件之二是维持互动。一个孩子可以使用行为或者语言/信号交流来表达他的交流意图。请在上面图表相应处打叉来代表这个孩子的总体水平（不知道、有点知道、开始运用或习惯性运用），以及这个孩子是否使用了非语言的行为或语言/信号交流，或两种方式都使用，在有意沟通中回应对方。理想情况下，一个孩子会最终持续性地同时运用行为和语言/信号的两种表达方式。自闭症儿童一般不知道或者有点知道进行互动维持，他们常常为了维持互动而进行刻意交流。为了维持互动而刻意交流的类型包括：社会评论型、喊叫型、标签型、轮流型和互惠互动型。希望通过LSP第6个组件训练，最后形成合适的互动维持方式。因此，LSP第6个组件之二按照优先顺序依次为：① 参与和维持平衡的互动模式；② 与合作伙伴发起互动；③ 与合作伙伴维持互动；④ 对合作伙伴有回应。

6-3. 互动方式：回应

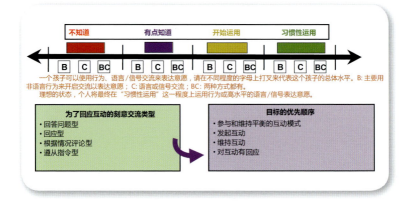

LSP模式的第6个学习风格干预组件之三是回应互动。一个孩子可以使用行为或者语言/信号交流来表达他的交流意图。请在上面图表相应处打叉来代表这个孩子的总体水平（不知道、有点知道、开始运用或习惯性运用），以及这个孩子是否使用了非语言的行为，或语言/信号行为，或两种方式都使用，在有意沟通中回应对方。理想情况下，一个孩子会最终持续性地同时运用行为和语言/信号的两种表达方式。自闭症儿童一般不知道或者有点知道进行互动的应答，他们常常为了回应互动而进行刻意交流。为了回应互动而刻意交流的类型包括：回答问题型、回应型、根据情况评论型和遵从指令型。希望通过LSP第6个组件训练，最后形成合适的互动应答方式。因此，LSP第6个组件之三按照优先顺序依次为：① 参与和维持平衡的互动模式；② 与合作伙伴发起互动；③ 与合作伙伴维持互动；④ 对合作伙伴有回应。

7. 语言/信号交流

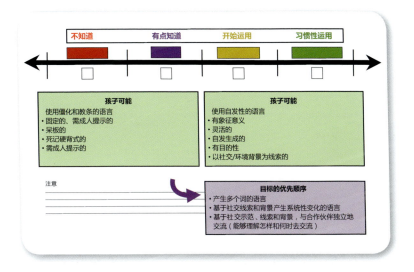

LSP第7个学习风格干预组件是进行语言/信号交流。自闭症儿童不知道或有点知道怎样进行语言/信号交流，常常使用僵化和教条的语言，他们的语言经常是固定的、呆板的和死记硬背式的，且在成人的提示下进行的。通过LSP第7个组件训练，希望儿童有自发性的语言，有象征意义的语言，有灵活的、自发生成的、有目的性的语言，有以社交和环境背景为线索产生出来的语言。因此，LSP第7个组件按优先顺序依次为：① 产生多个词的语言；② 基于社交线索和背景，产生系统性变化的语言；③ 基于社交示范、线索和背景，产生能够独立地与合作伙伴交流的语言（能够理解怎样和何时跟合作伙伴交流的语言）。

8. 执行功能

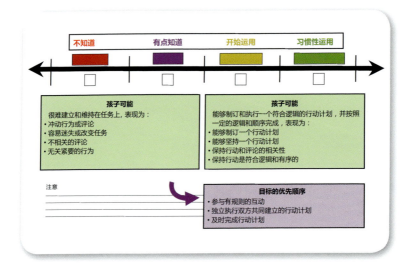

　　LSP第8个学习风格干预组件是执行功能的训练。自闭症的儿童经常不具有或略具有一定的执行功能,他们经常很难建立或维持在任务上,以完成行动计划。他们常常表现出冲动的行为或者评论,且经常迅速迷失或者改变任务,有不相关的评论或无关紧要的行为。通过LSP第8个组件训练,希望儿童能够制订和执行一个符合逻辑的行动计划,并按照一定的逻辑和顺序来完成行动计划,表现为能够制订行动计划、坚持行动计划、保持行动和评论的相关性,并且能符合逻辑和有序地进行行动。因此,LSP第8个组件按照优先顺序依次为:① 参与有规则的互动;② 独立执行双方共同建立的行动计划;③ 及时完成行动计划。

9. 远距离学习

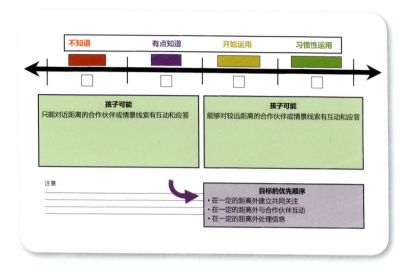

　　LSP的第9个学习风格干预组件是远距离学习。自闭症儿童常常只能对近距离的合作伙伴或情景线索有互动和应答。经过LSP第9个组件训练后，儿童可以开始运用或者习惯性运用远距离学习，儿童可以对较远距离的合作伙伴或情景线索有互动和应答。因此，LSP第9个组件按照优先顺序依次为：① 儿童能在一定距离外建立共同关注；② 儿童能在一定距离外与合作伙伴互动；③ 儿童能在一定距离外处理信息。

10. 转换

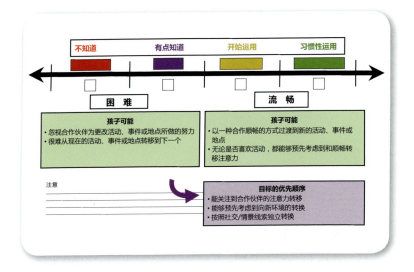

　　LSP训练的第10个学习风格干预组件是建立转换。自闭症儿童常常忽视合作伙伴为更改活动或更改活动地点所做的努力,并且很难把注意力从现有的活动或活动地点,转移到下一个活动或活动地点。通过LSP第10个组件训练后,儿童会出现或习惯性出现转换意识,能以一种合作顺畅的方式过渡到新的活动、事件或地点,并且不管是更喜欢的或更不喜欢的活动,都能够预先考虑到且顺畅地转移注意力。因此,LSP第10个组件按照优先顺序依次为:① 能关注到合作伙伴的注意力转移;② 能够预先考虑到向新环境的转换;③ 按照社交线索和情景线索独立转换。

参考文献

Greenspan S I, Weider S. 1998. The child with special needs: Encouraging intellectual and emotional growth. New York: Addison-Wesley.

Gutstein S. E., Ph.D. 2009. The RDI Book: Forging New Pathways for Autism, Asperger's and PDD with the Relationship Development Intervention Program. Connections Center.

Koegel R, Koegel L. 2006. Pivotal response treatments for autism: Communication, social and academic development. Baltimore, MD: Paul Brookes.

Landa R, Holman K, O'Neill A, Stuart E. 2010. Intervention targeting development of socially synchronous engagement in toddlers with autism spectrum disorder: A randomized controlled trial. Journal of Child Psychology and Psychiatry, 52, 13-21.

McLean J, Synder-McLean L. 1978. A transactional approach to early language training: Derivation of a model system. Columbus, OH: Charles Merrill.

National Research Council (2001). Educating children with autism. Committee on Educational Interventions for children with autism. Division of Behavioral and Social Sciences and Education. Washington, DC: National Academy Press.

Prizant B. 1983. Language acquisition and communicative behavior in autism: Toward an understanding of the "whole" of it. Journal of Speech and Hearing Disorders, 48, 296-307.

Prizant B, Rydell P. 1993. Assessment and intervention strategies for unconventional verbal behavior. In S. F. Warren & J. Reichle (Series Eds.) & J. Reichle & D. Wacker (Vol.Eds.), Communication and language intervention series: Vol. 3. Communicative approaches to challenging behavior: Integrating functional assessment and intervention strategies (pp. 263–297). Baltimore: Paul H. Brookes Publishing Co.

Prizant B, Wetherby A. 1989. Enhancing language and communication in autism: From theory to practice. In G. Dawson (Ed.) Autism: Nature, diagnosis and treatment (pp. 282–309). New York: The Guilford Press.

Prizant B, Wetherby A, Rubin E, Laurent A, Rydell, P. 2006. The SCERTS Model: A Comprehensive Educational Approach for Children with Autism Spectrum Disorders. Baltimore, MD: Paul H. Brookes.

Rydell P, Folan A. 2010 Learning Style Profile Based on Core Challenges of Autism Spectrum Disorders. Unpublished manuscript.

Rydell P, Mirenda P. 1991. The effects of two levels of linguistic constraint on echolalia and generative language production in children with autism. Journal of Autism and Developmental Disorders, 24, 719–735.

Rydell P, Prizant B. 1995. Assessment and intervention strategies for children who use echolalia. In K. Quill (Ed.), Teaching children with autism: Strategies to enhance communication and socialization. (pp. 105–129). Albandy, NY: Delmar.

Schopler E, Mesibov G, Hearsey K. 1995. Stuctured Teaching in the TEACCH curriculum. In E. Schopler & G. Mesibov (Eds.), Learning and cognition in autism (pp. 243–268). New York: Kluwer Academic/Plenum.

Schuler A, Prizant B. 1985. Echolalia in autism. In E. Schopler & G Mesibov (Eds.), Communication problems in autism. New York: Kluwer Academic/Plenum.

Snyder-McLean L, Solomonson B, McLean J, Sack S. 1984. Structuring joint action routines: A strategy for facilitiating communication and language development in the classroom. Seminars in Speech and Language, 5, 213–228.

Strain P. 2010. Early Intervention Colorado Autism Guidelines for

Infants and Toddlers. Developed by the University of Colorado Denver, PELE Center, under contract with the Colorado Department of Human Services, Division for Developmental Disabilities(H393A090097).

Strain P S, Bovey E. 2008. LEAP preschool. In J. Handleman and S. Harris (Eds.). Preschool education programs for children with autism. Austin, TX: Pro-Ed.

Sunberg M L, Partington J W. 1998. Teaching language to children with autism or other developmental disabilities. Pleasant Hi, CA: Behavior Analysts.

Sussman F. 1999. More than words: Helping parents promote communication and social skills in children with autism spectrum disorder. Toronto, ONT, Canada: The Hanen Centre.